Je dédie ce tirage limité à tous les leaders du réseau AKEO qui aspirent à vivre autrement et à devenir de véritables Athlètes de la Vie.

Je vous encourage à croire en vous-mêmes avant tout, à aller de l'avant en prenant plaisir à chaque instant d'une vie qui a du sens, à vivre pleinement et vibrer de ce privilège de servir autour de vous ! Ne rêvez pas à votre rêve, mais vivez votre rêve avec toute la puissance de votre chair, toute la puissance de votre cœur et toute la puissance de votre esprit. Souvenez-vous bien que l'impossible recule devant celui qui avance et que le plaisir représente le plus puissant des moteurs.

Que tout vous réussisse !

Thierry Schneider
Convention Nationale AKEO 2015

Catalogage avant publication de Bibliothèque et Archives nationales du Québec et Bibliothèque et Archives Canada

Schneider, Thierry

Oui, rien n'arrive par hasard...

ISBN 978-2-89225-869-1

1. New Thought. 2. Pensée créatrice. 3. Autodéveloppement. I. Titre.

BF641.S352 2015 299'.93 C2015-940350-2

Adresse municipale :
Les éditions Un monde différent
3905, rue Isabelle, bureau 101
Brossard (Québec) Canada
J4Y 2R2
Tél. : 450 656-2660 ou 1 800 443-2582
Téléc. : 450 659-9328
Site Internet : www.umd.ca
Courriel : info@umd.ca

Adresse postale
Les éditions Un monde différent
C. P. 51546
Greenfield Park (Québec)
J4V 3N8

Dépôts légaux : 1er trimestre 2015
Bibliothèque et Archives nationales du Québec
Bibliothèque et Archives Canada
Bibliothèque nationale de France

Conception graphique de la couverture :
OLIVIER LASSER

Photocomposition et mise en pages :
LUC JACQUES, COMPOMAGNY, ENR.
Typographie : Minion 11,6 sur 14 pts

ISBN 978-2-89225-869-1

Nous reconnaissons l'aide financière du gouvernement du Canada par l'entremise du Fonds du livre du Canada (FLC) pour nos activités d'édition.

Gouvernement du Québec – Programme de crédit d'impôt pour l'édition de livres – Gestion SODEC.

Gouvernement du Québec – Programme d'aide à l'édition de la SODEC.

Imprimé au Canada

Thierry Schneider

OUI
rien n'arrive par **hasard...**

UN MONDE DIFFÉRENT

Du même auteur
chez le même éditeur

Vivre grand, Brossard, Québec, éditions Un monde différent, 1999, 208 pages.

Cœur à Cœur, Brossard, Québec, éditions Un monde différent, 2000, 256 pages.

Joy, tout est possible ! Brossard, Québec, éditions Un monde différent, 2001, 224 pages.

Athlète de la Vie, agir ou subir ? Brossard, Québec, éditions Un monde différent, 1re édition 2002, 2e édition 2006, 144 pages.

Faire aujourd'hui ce que tous feront demain !, Brossard, Québec, éditions Un monde différent, 2009, 192 pages.

Sentez-vous bien, Brossard, Québec, éditions Un monde différent, 2012, 288 pages.

Oui, rien n'arrive par hasard…, Brossard, Québec, éditions Un monde différent, 2015, 192 pages.

À ma fille Camille et à mon fils Noé
qui rayonnent de joie de vivre et de possibles !

Merci de votre précieuse Présence,
vous êtes Aimés !

Sommaire

« La Vie est trop courte pour être petite ! »

Benjamin Disraeli

En guise de préambule

La jeune femme vêtue de sourires

Il y a des surprises à chaque détour de notre vie, si nous prenons le temps de garder les yeux grands ouverts et le cœur réjoui au moment d'aborder cette bien belle aventure qui nous est proposée chaque matin. Quel que soit votre passif d'hier et des jours précédents, cette nouvelle journée immaculée vous offre généreusement 86 400 secondes d'opportunités de bonheur ou de mal-être… de décisions inspirées ou de procrastination ténébreuse… de nouveaux possibles ou de limites infranchissables… de générosité humaine ou d'égoïsme maladif… d'occasions de vous aimer ou de vous… détester. Tout est en effet disponible sur votre échiquier du quotidien.

Lorsque je l'ai vue pour la première fois, cette jeune femme illuminait de toute sa splendeur contagieuse ce magasin d'aliments naturels et biologiques dans lequel je faisais mes courses. Tout à coup, la pesanteur d'une attente dans la file de caisse s'est transformée en lumineuse expérience. Il émanait du plus profond de sa personne le secret tant recherché par la majorité de chacun de nous : elle était en paix, tout simplement.

Elle n'avait besoin d'aucune carte de visite pour indiquer de façon commune qui elle était, car être était son royaume. Un endroit au cœur de son cœur, au sein duquel il fait bon vivre. Elle n'avait pas besoin de faire des efforts pour être remarquée, elle était au centre de tout.

Cette jeune femme au grand sourire était heureuse, avec une puissante simplicité. Voilà l'évidence qui imprégnait les gens autour d'elle dans ces instants privilégiés. Ma fille Camille s'empressa, lorsque notre tour fut arrivé, de lui dire un bonjour enjoué, en ajoutant spontanément qu'elle la trouvait très belle...

La fois suivante, ce fut la même cérémonie du partage et de la joie de vivre. Les personnes avaient changé ; pourtant, sa bonne humeur contagieuse vibrait toujours de tous ses éclats... J'appris que c'était son anniversaire et je lui offris un de mes livres. Un peu plus tard, elle me confia une lettre méticuleusement écrite à la main, qui allait me dévoiler le précieux secret de sa joie de vivre et de son désir de vivre intensément chaque instant qui lui était offert :

Je voudrais vous remercier pour le portrait que vous avez fait de moi dans votre dédicace du livre. Je voudrais vous dire que j'ai toujours été joyeuse. Mais ce qui m'a permis de l'être plus encore, c'est qu'à mes 17 ans, on m'a découvert une tumeur. C'est alors que j'ai compris à quel point la vie était belle, mais aussi imprévisible.

Je vivais déjà au jour le jour, mais cela a encore davantage renforcé cette philosophie. Après ma guérison, toute ma vie avait changé. Peut-être que je n'aurai jamais d'enfant, peut-être que cette cicatrice sur mon ventre ne s'estompera jamais. Mais peu m'importait, car la seule chose qui comptait, c'était que j'étais là, dans ce monde, vivante. Plus vivante que jamais !

Et puis aujourd'hui je l'aime, ma cicatrice, car elle me rappelle tous les jours qui je suis, les épreuves que j'ai traversées et surtout celles que j'ai surmontées. J'avais écrit deux petits textes pour résumer ma situation. Et quand je baisse les bras, que mon sourire disparaît, je les relis, pour me souvenir que j'ai traversé bien plus grave, que rien n'est grave à présent...

Alors je vous dédie ces textes que j'ai écrits il y a maintenant deux ans. Tout simplement merci et je vous souhaite plein de bonheur !

Cette jeune étudiante en arts connaissait le pire et avait décidé en pleine conscience de vivre à l'avenir sa vie, avec intensité et gratitude. Tous ses nouveaux instants n'étaient plus perçus comme un dû, mais bien comme le plus précieux des présents !

Elle avait accompli le pas audacieux de s'aimer, malgré la situation désastreuse qu'elle avait subie si jeune. Avec cette attitude ensoleillée et le courage comme seul bouclier, elle a apprivoisé son défi pour devenir un « champ de possibles », issus de sa propre expérience. L'âge n'est pas un étalon pour mesurer le vécu d'une personne. J'en connais qui, à 70 ans et plus, expriment leurs frustrations et se lamentent année après année…

Vous êtes unique, vous êtes « ici et maintenant » en vie, et tout le reste n'a pas une grande importance. L'essentiel réside dans ceci : savourez les choses simples de votre existence, dites « je t'aime » à vos proches et posez des actes en ce sens ; entrez dans l'odyssée merveilleuse de ce qui revêt une signification pour vous.

Mais surtout, prenez soin de vous-même avant tout et accordez-vous tout le respect que vous méritez. Pensez bien que les autres vous traitent comme vous vous attendez à être traité… Méditez profondément sur ce principe clé et faites le CHOIX d'être à l'avenir bien plus gentil avec vous-même… Vous vous protégerez du même coup de la mauvaise humeur ou de la mauvaise volonté qui pourrait régner autour de vous…

C'est possible, vous en êtes capable et vous méritez de laisser émerger du plus profond de vous-même la version la plus originale, vivante et rieuse que vous n'ayez encore jamais incarnée.

Pensez à cette jeune femme rayonnante, passionnée et touchante du Lubéron et, à votre tour, déposez l'armure de vos rôles. Au moins quelques instants, laissez émaner le meilleur de vous-même, votre joie de vivre, pour vibrer pleinement de la grande et éternelle aventure que représente la Vie…

« *Penser à une évasion profonde, au néant. Et voir d'en haut nos vies, nos amis, nos familles, nos amours et nos amants. Voir d'un autre regard ce qu'est véritablement la vie. Cela arrive rarement dans une existence, mais quand cela survient dans votre paisible présent, l'avenir n'est plus jamais le même, il change à nos yeux pour l'éternité. Quand on revient de mourir, la vie a un pétillant goût sucré.*

« *Aujourd'hui, j'ai compris la vie. J'ai réalisé que c'était s'émerveiller. De choses si simples. Contempler les fleurs qui poussent. Apercevoir un sourire. Regarder dormir celui qu'on aime. Trembler d'émotions, savourer un instant… c'est ça, être vraiment vivant !* »

Elle s'appelle Anaïs…

Être rassurant, secret de toutes les réussites !

Très souvent, trop même, nous nous laissons tenter par la recherche frénétique d'un raccourci vers le succès, en nous libérant de tous les doutes. Je dois néanmoins intégrer l'absolue certitude d'une grande vérité : tout change constamment, irrémédiablement… Le premier pas à effectuer est donc d'accepter ce fait incontournable et d'arrêter de croire qu'un état, un aboutissement, pourrait nous libérer de ce dilemme.

En fait, pour devenir « libre », il nous incombe de donner un sens nouveau à notre interprétation quotidienne du changement. Tant que nous voyons en celui-ci un obstacle à notre propre équilibre, nuisant à notre qualité de vie, nous en subirons les effets néfastes et la sérénité s'éloignera de nous.

Pour la personne « réactive », changement rime avec danger, incertitude, perte d'acquis et de confort, fin d'un contexte rassurant…

Ses lunettes déformantes vissées sur le nez, elle ne peut voir dans la prise de risque que la perspective d'aventures dangereuses et menaçantes.

Ce type de croyances maladives provoque un comportement quotidien désaxé, générant des actions inadaptées, aux résultats contre-productifs, ce qui renforce la crainte de base. Un cercle vicieux est enclenché.

L'Athlète de la Vie que vous êtes décide de donner au *changement* un sens tout différent. Il en fait l'opportunité de créer un nouvel environnement, de forger de nouveaux résultats, sur tous les plans, professionnel et autres…

Risquer se pare alors de ses plus beaux atours, puisqu'il s'agit d'apprivoiser l'inconnu et de créer une réalité nouvelle, harmonieuse et respectueuse des valeurs humaines essentielles. Vous prenez ainsi conscience que le but de la vie n'est pas de devoir à tout prix la gagner, mais bien de la vivre pleinement en s'appuyant sur ses valeurs essentielles, qui donnent une signification au quotidien de chacun. Tout projet propose un voyage. L'erreur est de n'en voir que le but, alors que ce qui a du sens est la jouissance que procure l'ensemble du parcours.

Mais que veut donc dire vivre pleinement ? La philosophie qui suit, relatée sur une petite terrasse de café de Venice Beach par une amie russe émigrée de Saint-Pétersbourg à Los Angeles, nous fournit un merveilleux éclairage.

« Peu importe l'objectif que tu poursuis frénétiquement, que tu sois sportif, musicien, homme d'affaires, commerçant ou enseignant, focalise toujours ton attention sur l'idée de devenir chaque jour plus rassurant. Tu seras libéré de l'angoisse de devoir un jour trouver du travail ou te sentir obligé de conserver un emploi que tu n'aimes pas ! Tu seras naturellement courtisé par tous ceux qui désireront partager une aventure avec toi, car tu généreras, par ta simple présence, cette sensation bienfaisante qui rassure et qui transforme alors tout obstacle insurmontable en défi des plus excitants à matérialiser ensemble.

– Mais comment devenir rassurant ? m'empressai-je de demander.

– Plus tu veux conquérir de trophées dans la vie extérieure, plus cela dévoile la faiblesse de ton ancrage intérieur. Il n'y a rien de mal à matérialiser les plus belles conquêtes, mais tu dois respecter l'ordre naturel des choses, sinon tu t'épuiseras et termineras dans le comble du désenchantement.

« Passe donc du temps chaque jour, en solitaire, à bâtir les solides fondations de tes succès ! À quoi peut bien servir le plus beau des trophées, si tu dois l'obtenir au détriment de ta santé physique et mentale, de tes relations familiales ou de ton intégrité ? Pour être rassurant, consacre chaque jour à accroître la vitalité en ton corps et cultive avant tout une saine authenticité. Comment devenir authentique ? Toi seul peux le trouver. C'est d'une extrême simplicité, mais cela te demandera le plus grand des courages », conclut cette femme épanouie et… rassurante !

Pour être rassurants, vous devez donc être épanouis, tout simplement. Cela ne peut être généré par un artifice, seulement par le fait de se donner cœur et âme, de s'investir totalement, dans chacune de ses tâches. Voilà ce qui procure la satisfaction incomparable d'habiter totalement l'instant présent et d'en jouir pleinement.

L'épanouissement prend naissance dans cette capacité de « féconder » le moment qui s'offre à vous, la tâche de l'instant, par une vigilance sans faille. Comme un pianiste virtuose, un chirurgien qui sauve une vie ou un funambule suspendu dans les airs, votre attention doit être un faisceau de puissance concentrée sur l'action en cours.

Point de tricherie ou de mensonge ici, seulement la joie simple de prendre plaisir à réaliser ce qui doit être fait. Il n'y a pas de hiérarchie entre les tâches « importantes » ou « insignifiantes », il n'y a qu'une pratique authentique. Ainsi, comme par magie, vous vous retrouverez toujours au bon moment, au bon endroit, avec les bonnes personnes, en train de bâtir le nouveau !

Les mots n'enseignent pas, ce sont les expériences vécues qui offrent le savoir. Regarder, parler, écrire, lire l'essentiel de votre temps vous donnera du plaisir. Ou pas. Mais la personne épanouie, et donc rassurante, s'investit totalement dans l'action. Son contraire, non.

À chacun de choisir…

Pour cultiver votre épanouissement, prenez le temps de déterminer vos talents, vos qualités, vos potentiels… Puis décidez de les utiliser pleinement, intensément, au quotidien, afin d'être tout simplement vous-même et d'apporter la richesse de votre différence, toujours et partout.

Vibrez pleinement au diapason de ce que vous êtes et offrez généreusement cette belle énergie autour de vous, sans aucune attente. Vous dégagerez ainsi une saine autorité naturelle !

« Le bonheur dépend plus de l'état d'esprit
que des circonstances extérieures. »

Benjamin Franklin

Pourquoi vous levez-vous chaque matin ?

Lorsque naît un projet, à l'instar de la majorité de nos contemporains, nous restons trop souvent obnubilés par LA mauvaise question : COMMENT ?

C'est ainsi que la confusion envahit votre quotidien. En effet, au lieu de vous lancer dans l'action, vous laissez tout l'espace à la question : « Comment vais-je réaliser cela ? »

Toute la société se focalise constamment dans cette direction. Il suffit de voir le nombre incalculable de séances de travail, dans le monde des affaires par exemple, au cours desquelles se déroule cette litanie : « Comment, comment, comment… »

L'Athlète de la Vie que vous êtes a cependant compris une notion basique : penser au « comment » donne immédiatement naissance aux obstacles ! Et plus le « comment » est imposant, plus l'obstacle grandit… Cette perspective limitative s'ouvre toutefois comme une autoroute, sur laquelle nous fonçons, étant devenus des « experts du comment ».

Les jours, les semaines, les mois, voire les années… défileront ainsi, dans le tutoiement d'un mal-être quotidien, jusqu'à voir poindre, un beau matin, enfin, la véritable question. Cette question qui propulse imparablement son auteur, en toute circonstance, sur la planète féconde de la vraie réussite. Cette question, dont le pouvoir est colossal, est tout simplement : POURQUOI ?

En ce matin différent, vous percevez le manque de sens total de votre façon de penser traditionnelle, devenue compulsive, et vous vous retrouvez à vous questionner spontanément : *Pourquoi vais-je travailler, pourquoi est-ce que je me lève chaque matin ?*

Comme les enfants, ou comme les adultes épanouis, vous êtes entré dans la question libératrice du « pourquoi » ! Elle vous permet de retrouver une façon d'agir, de l'enthousiasme, de la motivation, de l'énergie créatrice, et vous allez pouvoir en faire un véritable « investissement » quotidien ! En connaissant le pourquoi, vous vous réappropriez le leadership de votre existence. La puissance de cette question vous permet de découvrir les avantages, les bénéfices de toute activité, une raison d'être qui va vous offrir l'épanouissement !

Lors d'un déjeuner avec mon ami Dano Halsall, jadis recordman mondial du 50 m nage libre, j'ai été touché par la ferveur de son histoire :

La motivation représente les fondations de tout succès durable. Enfant, j'avais un rêve qui me hantait l'esprit nuit et jour. Dès mon plus jeune âge, je percevais un sens profond à ma vie : devenir un jeune champion du monde de natation, un idéal pour lequel je me levais chaque matin à 5 heures… Gagner la bataille du lit, sortir de ses draps chauds et rassurants pour retrouver l'obscurité totale et glaciale permet de se forger un caractère de gagnant. Je savais « pourquoi », à 15 ans, je me levais à l'aurore, quand la majorité des gens se prélassaient encore dans les bras de Morphée.

Douche rapide, enfourcher mon vélomoteur pour me rendre à la piscine, plutôt éloignée de chez moi, et où m'attendaient mon entraîneur, l'eau, ses clapotis et la solitude du nageur qui avale en guise de petit-déjeuner des centaines de longueurs de bassin… Puis douche, manger sur le pouce, sauter à nouveau sur mon bolide à deux roues, sprinter pour arriver à l'école où commençait la journée normale… après déjà deux heures d'entraînement intensif. Un nouveau défi s'offrait à moi : rester éveillé, concentré, malgré la fatigue qui tentait de s'imposer…

Garder le cap, toujours, quelles que soient les conditions environnantes. Agir pour mon rêve, à chaque instant, constamment animé et guidé par le brasier intérieur de la motivation. Malgré les tonnes de gouttes de sueur, les centaines de tentations, une chose plus importante se dégageait, mon rêve : gagner plus tard la plus belle de toutes les courses de natation !

Plus le « pourquoi » est grand, plus la puissance de vos actions le sera, et plus vos demandes seront amplifiées. Vous persévérerez car, comme Dano, vous connaîtrez les *raisons* précises de votre quête. Vous replongerez au cœur de vos rêves d'enfant, afin de les matérialiser, par un faisceau d'actions axées sur votre vision. Dano savait où il allait et « pourquoi » il y allait !

Avec une obstination sans faille, jour après jour, semaine après semaine, année après année, il a vécu intensément le chemin, son parcours vers la réussite, donnant à celui-ci une tout autre saveur qu'une simple victoire finale.

Voilà le secret de tout Athlète de la Vie au cœur de son existence ! Avec les « pourquoi », il accède à la source féconde de la puissance, qui lui offre tôt ou tard les joyaux de la réussite. Un « pourquoi » généreux ne laisse aucune place aux tergiversations : quand on veut, on peut ! La magie et la chance n'ont aucune place là-dedans.

À chacun de choisir…

Dès aujourd'hui, devant chaque nouveau défi, plutôt que de laisser s'enclencher le processus du « comment » et de laisser la place aux doutes, consacrez le temps précieux indispensable pour explorer la mine de diamants des « pourquoi ? »

Ainsi, avec la puissance de leur soutien, vous découvrirez tout naturellement le « comment »…

« On qualifie d'impossible les choses que l'on n'a pas vraiment envie de faire. »

Conquérant de l'impossible

Mike Horn

Faites ce qui vous plaît !

La seule chose dont vous avez la certitude, c'est que tout change en permanence. Rien n'est figé, tout évolue et revêt sans cesse de nouveaux aspects. D'ailleurs, c'est bien là que se trouve la richesse de la vie ! Il résulte de cette loi qu'en quête de certitudes, il vous faille consacrer de l'énergie à « apprivoiser », avec plaisir s'entend, cette mouvance, qui représente le terreau extrêmement fertile de votre devenir.

Demeurez donc pleinement conscient que deux routes bien distinctes s'offrent à vous à tout instant.

La première, tel l'appel des sirènes, vous donne un signal insistant : protégez-vous ! Les adultes « raisonnables » que nous sommes savent bien que l'existence est difficile, voire dangereuse, et qu'à tout moment, il est essentiel de préserver nos acquis, quand bien même notre situation ne serait pas extraordinaire… Car cela pourrait aller bien plus mal, n'est-ce pas ? Les exemples foisonnent dans notre entourage !

L'idée sous-jacente à cette attitude est que le danger rôde, et que, partant, toute personne « normale » doit chercher à *contrôler* les composantes de son environnement, afin d'instaurer une certaine « stabilité » dans ce chaos. Assurer le statu quo dans notre routine quotidienne devient ainsi vital, car les scénarios parfaitement connus, à défaut d'être épanouissants, rassurent…

Mais voilà, plus vous vous livrez au combat pour assurer cette stabilité fantasmée, plus votre mental s'emballe et façonne les pires scénarios qui puissent vous arriver, demain, le mois prochain, dans les années à venir même… Cela évidemment vous soumet à un énorme inconfort, car une partie de vous-même sait bien que vous vous nuisez et vous figez à cause de ces sombres perspectives.

Oui, la vie coule, inéluctablement, comme un fleuve et, dans tous les domaines de votre vie, tout change constamment.

Tout vous crie cette évidence. Vos enfants grandissent et vous la lancent en pleine face, avec une puissance qui… grandit avec eux… Le cycle des saisons vous la chante d'une autre manière, puisque tout se transforme, au gré du chemin naturel de l'évolution. Aux prises avec cette résistance, vous vous sentez forcément de plus en plus mal, puisque, de fait, vous utilisez à rebours le potentiel fantastique de votre mental. Vos projets sont occultés par cette anticipation d'un avenir sombre…

Le phénomène est extrêmement pervers, puisque plus vous vous épuisez dans cette voie sans issue, plus vous ressentez le besoin de chercher ailleurs de quoi calmer votre inconfort intérieur. Ce faisant, au lieu de laisser vos aspirations naturelles vous porter, vous vous engoncez dans le moule de ce qui apparaît « raisonnable ».

Je laisserai à cette « jeune fille » de 83 ans, malicieuse et pétillante, rencontrée dans le TGV, le soin d'évoquer la richesse de l'autre voie :

J'aime la vie et je la courtise jour après jour, avec un grand respect et une insouciance totale. Qu'est-ce qui a changé depuis ma tendre enfance, mon adolescence, mes amours, mes métiers, les déménagements, le départ d'êtres chers ? À la fois tout, car tout ce à quoi j'aurais voulu m'accrocher se serait envolé avec la légèreté d'un papillon, me laissant devant un gouffre de souffrances qui m'aurait laminée. Et rien, car j'ai décidé que le meilleur moyen de voyager le plus légèrement au fil des années était de considérer, comme le disait Albert Einstein, que l'existence pouvait être notre meilleure amie ou notre pire ennemie, selon notre choix. J'ai donc décidé qu'elle serait ma complice ! Mais pour créer une complicité, il est fondamental de pénétrer dans le monde de l'autre. Et son monde, c'est tout simplement le changement.

Alors, je vis chaque jour en osant changer, toujours, indéfiniment. Et le voyage se passe le plus agréablement possible, depuis 83 ans. Au quotidien, je ne cherche pas à « contrôler » pour préserver, je choisis tout simplement de vivre. Et vivre, c'est créer des élans, les partager généreusement !

Et lorsque je lui demandai un dernier conseil, issu de la richesse de ses années de vie, elle conclut :

« Fais ce qu'il te plaît et offre généreusement cette expérience autour de toi, par ta simple présence. Sois authentique ! »

À la lumière de ce beau et fécond vécu, l'Athlète de la Vie que vous êtes décide d'emprunter la route de l'authenticité. D'oser courtiser le risque, car nul ne se fane sur le chemin de ses rêves !

À chacun de choisir…

Dès aujourd'hui, choisissez de vous ancrer au cœur du changement et de le courtiser fidèlement. Laissez la place aux désirs qui émergent et vous chuchotent les destinations qui ont du sens pour vous. Enfin, utilisez votre mental et la richesse de votre imagination, non plus pour mesurer les efforts à produire pour atteindre votre destination, mais bien pour ressentir le plaisir et la fierté d'être arrivé au but, en ayant joui du voyage !…

« ***Ce qui me permet de durer, c'est l'envie de rêver et de ne pas rester dans une pratique exclusive, car l'habitude sclérose !*** »

JEAN TROILLET

L'homme qui voulait être heureux[1]

Une des clés de la confiance en soi réside dans la capacité de se détacher du regard des autres. D'où la conséquence que l'individu en manque de confiance soit porté à mesurer sa valeur personnelle en fonction du regard approbateur des autres. Voilà bien la plus grande duperie que nous puissions nous infliger !

Tout d'abord parce que, dans ces circonstances, nous recherchons en dehors de nous-mêmes une forme de reconnaissance, que nous espérons voir combler nos doutes, à la fois causes et conséquences d'un vide intérieur.

Ensuite, parce que nous nous soumettons au verdict (supposé) de personnes elles-mêmes minées par le même syndrome, donc fort peu fiables dans le rétablissement chez autrui de ce qui leur manque le plus. Comment en effet reconnaître quelque qualité que ce soit à quelqu'un, alors que nous-mêmes en manquons cruellement ?

Ce phénomène entraîne des comportements dommageables, en particulier parce qu'il nous pousse à prouver notre valeur personnelle par une performance optimale. Or, le meilleur moyen d'échouer, en toute occasion, est de vouloir bien faire, afin de se rassurer quant à sa capacité à assumer. Alors on cherche à « prouver » et on se focalise sur la peur d'échouer et sur les répercussions, toujours dramatisées, de l'échec. Cela entraîne une « perte d'alignement » immédiate, un déséquilibre qui risque d'engloutir les vestiges de notre confiance.

Aux prises avec des craintes, voire des angoisses, qui crispent notre musculature, étouffent notre capacité respiratoire, amplifient les émotions désagréables et leurs effets dévastateurs, notre capacité

1. Titre d'un livre de Laurent Gounelle, *L'homme qui voulait être heureux,* Paris, Pocket, 2010, c2008, 167 pages.

mentale de perception se brouille et nous devenons incapables d'apporter une réponse adéquate aux situations...

Un tel gâchis découle de notre mentalisation de nos actions. Toute prise de décision est faussée dans cet état d'esprit. En revanche, celle ou celui qui réussit se laisse absorber par sa tâche du moment, a le « cœur à l'ouvrage » et devient capable d'entreprendre une action spontanée, libérée de l'enjeu du résultat, qui donne la réponse idéale. Cet état, parfaitement connu dans le milieu sportif, que l'on appelle « flux », ou « être dans la zone », propulse automatiquement vers l'excellence.

La majorité des gens craignent l'échec, non pas tant en raison du ressenti pénible de cet échec, mais parce qu'ils seront critiqués, moins appréciés, voire rejetés...

En tant qu'Athlète de la Vie, vous prenez donc conscience que la meilleure façon de vous sentir exclu est précisément de céder à cette crainte et d'agir en fonction d'elle. Vous comprenez que l'origine du rejet ne réside pas chez les autres, mais se trouve dans le regard que vous portez sur vous-même, dans les sentiments qui modifient votre ressenti et qui génèrent des actions erronées.

Sentez-vous libre de croire en votre valeur personnelle, avec la même insouciance que le nouveau-né, qui ne possède aucun diplôme, aucune richesse matérielle, aucune technique de communication, mais qui jouit pleinement de l'amour total d'être ce qu'il est, authentique par essence, faisant succomber les adultes par ce charisme irrésistible. Cette valeur personnelle que possède le bébé, vous la possédez tout autant. Où aurait-elle pu disparaître d'ailleurs ? Elle ne dépend en aucun cas de ce que vous réalisez !

Goûtons-en l'illustration, au moyen de cette histoire, narrée par un ami africain...

Lorsque j'étais un enfant, mon grand-père, un soir de pleine lune autour d'un feu qui crépitait, m'a raconté une histoire qui apporta beaucoup de force dans ma vie. Il y a très longtemps, dans un village lointain, résidait un vieil homme rayonnant de sagesse et unanimement respecté. Les gens venaient de très loin pour obtenir réconfort auprès de lui. Un jour pourtant, les villageois furent scandalisés en assistant à la scène suivante. Un jeune étranger de passage commença à invectiver le vieil homme, proférant avec violence les pires injures et sarcasmes.

Pendant un très long moment, il éructa ses critiques sur le doux solitaire, qui restait d'un calme de plomb, l'écoutant de toutes ses oreilles, mais souriant. Lorsque le jeune homme arrêta son flot de négativité, un silence s'installa… Le vieil homme ouvrit la bouche : « Puis-je vous poser une question ? » À quoi l'autre répondit, toujours excité : « C'est quoi, ta question ?

– Si quelqu'un offre un cadeau à une personne et que cette personne refuse le cadeau, à qui appartient le cadeau ?

– À celui qui l'a acheté, évidemment ! »

Le vieil homme conclut paisiblement : « Eh bien, toute cette négativité que tu m'as offerte, je te la rends. » Puis il partit, souriant et le cœur léger. Le jeune homme s'assit, abandonna spontanément sa colère et pleura…

Inspirez-vous de la sagesse de cette histoire pour vivre votre quotidien en pleine confiance, l'esprit pacifié de ce que l'on peut penser de vous. Ce qui se passe dans la tête des autres n'est pas sous votre responsabilité et chacun peut y mettre ce qu'il veut. De votre côté, vous ne perdez plus votre temps et votre énergie à vouloir convaincre quelqu'un de votre valeur.

Ressentez, au plus profond de vous-même, la richesse de ce que vous êtes… un être heureux, tout simplement !

À chacun de choisir…

Dès aujourd'hui, libérez-vous de la lourde obligation de *prouver* votre valeur personnelle. Pour cela, apprenez à la reconnaître et à la respecter… au gré de votre quotidien, en cultivant le ressenti de détente au sein nourricier de votre corps.

Comme tout Athlète de la Vie, vous développez la capacité d'écouter les personnes qui ne partagent pas vos idées, voire qui s'énervent en votre présence, tout en ressentant et amplifiant cette sensation de puissance intérieure. Une sensation que vous allez encore amplifier par de profondes expirations.

« Ultimement, le monde vous traite plus ou moins comme vous vous attendez à être traité. »

Bob Burg

La vie est très simple, pourquoi se la compliquer ?

Je vous propose de saisir la très saine opportunité de prendre un certain recul par rapport à notre façon d'aborder notre quotidien. Après tant d'années passées à tenter de « contrôler l'incontrôlable », souvent frénétiquement, nous considérons comme normal d'être à la hauteur en toute circonstance, de « dominer notre sujet » quasiment à la perfection, et surtout d'être une personne acceptée de tous…

Car, dites-moi, que vont penser les Autres, si tout à coup je baisse les bras, j'abandonne la lutte quotidienne, j'avoue mon épuisement physique et psychique, j'admets que je n'en peux plus et je n'arrive plus à soutenir ce rythme infernal qui assombrit chaque jour un peu plus mon moral ?…

Oui, qu'est-ce que les Autres vont penser de moi si, tout à coup, je m'écroule, vaincu dans cette hérésie contemporaine, de vouloir à tout prix « devenir quelqu'un », vis-à-vis cette quantité d'obligations que toute personne prétendument sérieuse et responsable se doit d'assumer ?

Ah, si j'étais, davantage « parfait », ne serait-ce qu'un peu, tout serait tellement plus aisé… Mais ce n'est quand même pas le moment de lâcher, d'abandonner la partie, après tous ces efforts, tout cet investissement !… Oui, c'est vrai, chaque jour je ressens un peu plus le poids de ces sentiments lourds, de ces doutes, de ces inquiétudes qui mènent le bal à l'intérieur de moi, mais… mais mener et gagner tous ces combats, n'est-ce pas simplement la condition d'être humain ?… On reste droit dans ses bottes et, si on baisse la garde, alors on est laminé…

Et me voir au tapis, voilà la pire chose qui puisse m'arriver ! Qu'en penseront les Autres, que j'avais réussi tant bien que mal à persuader que j'assumais, que « j'assurais », dans tous les domaines ? Car il s'agissait de tenir, tenir pour obtenir une gratification, une promotion, une acquisition, un coup de chance, qui sait ?... Bref, un symbole de cette reconnaissance tellement recherchée, ce grand manque dans ma vie...

Faire illusion, toujours et partout, sinon...

Cette confidence, reçue d'un inconnu en quête de l'approbation des autres, nous dévoile un grand secret. Bienvenue dans le rôle de cet inconnu ! Qui ne s'est pas retrouvé, tout à coup, lorsque le rythme diminue et devient celui des vacances, envahi par ce sentiment, déstabilisant et inquiétant, du non-sens, voire du dégoût, de cette mascarade quotidienne, comme si l'on était « directeur général du monde » : contrôler les contextes du jour, les gens et les circonstances, en quête de ce mirage du « bonheur », qui serait atteint, dès lors qu'on aurait « tout mis en ordre » ?... Comme une prise de conscience que cette voie est sans issue, qu'elle mène droit dans le mur, avec un coût insurmontable ?

Alors, que diriez-vous de vous autoriser à prendre un petit peu de recul, à lever la tête pour plonger le regard dans un ciel étoilé à l'infini ?

« Ta ta ta... Ces petites choses nourrissent les rêves des fainéants ! Mais moi, je suis sérieux, je n'ai pas le temps de rêvasser... »

En tant qu'Athlète de la Vie, retrouvez vos racines de « petit prince », qui accepte pleinement la puissance régénératrice de toute sa sensibilité, de toutes ses potentialités, qui s'autorise tout simplement à être ce qu'il est, à oser même faire quelque chose d'inutile, pour son simple plaisir personnel. Et puis, cédez à *l'en-vie*, partagez largement cette immense richesse, laissant l'enthousiasme s'installer au plus profond de vous-même, prenant la place du doute et de l'angoisse.

Décidez d'emprunter, sans plus attendre, le chemin de la réconciliation avec vous-même ! Vaccinez-vous à tout jamais contre ce besoin maladif, erroné et dévastateur, de plaire aux autres ! Vous n'avez strictement rien à prouver à qui que ce soit : vous avez seulement et simplement à donner la priorité au soin de vous-même !

La vie est très simple, pourquoi se la compliquer ? Pourquoi vous obstiner à mettre votre canot à l'eau pour vous éreinter à vouloir remonter le courant ?

Cette attitude fait la part belle à une croyance des plus néfastes, selon laquelle plus le courant est fort, plus les autres vont louer et admirer votre force de caractère et votre obstination à ne jamais baisser les bras, jamais !

Qui a dit, cependant, que s'opposer au courant représentait la solution, sous prétexte que ceci est la norme depuis tant de générations ?

Pourquoi ne pas choisir de lâcher prise, en empruntant la voie de la non-résistance, en épousant le courant ? Pourquoi ne pas intégrer une nouvelle croyance, porteuse et fructueuse, voulant qu'il soit sain d'abandonner un combat forcé, de forcené, pour vivre dans « l'Intelligence » et la parfaite écologie du trouveur de solutions, qui se focalise sur l'essentiel et le réalise avec simplicité, tel un virtuose qui est devenu son œuvre ?

À chacun de choisir…

Souvenons-nous de ces mots du Petit Prince :

« Je connais une planète où il y a un Monsieur cramoisi. Il n'a jamais respiré une fleur. Il n'a jamais regardé une étoile. Il n'a jamais aimé personne. Il n'a jamais rien fait d'autre que des additions. Et toute la journée il répète comme toi : "Je suis un homme sérieux ! Je suis un homme sérieux !" et ça le fait gonfler d'orgueil. » (chap. VII)

Ayons l'audace juvénile de tout simplement laisser aller, et de nous rappeler qu'être stressé, crispé et grognon n'a jamais été un gage de réussite. Choisissons d'être nous-mêmes avant tout, c'est-à-dire de nous sentir parfaitement bien, ici et maintenant !

« *C'est véritablement utile puisque c'est joli.* »

Antoine de Saint-Exupéry

L'homme troublé par les vrombissements d'une mouche

Il était une fois un homme dérangé dans son activité d'écriture par les vrombissements d'une mouche... Il allait s'énerver quasi immanquablement et concentrer son énergie à éliminer le chétif insecte, cause d'une telle contrariété, et capable même de ruiner sa créativité !... Notre homme aurait cependant le CHOIX de se concentrer plutôt sur la sagesse que recèle cet avatar : la façon de s'y prendre pour atteindre, naturellement donc facilement, ses buts, ce qui permet ensuite d'aider l'autre à atteindre les siens...

Nos deux protagonistes ont une quête commune, la liberté. Et les voilà en train de céder au réflexe sans cesse reproduit de nos jours, consistant à se lancer dans une lutte forcenée pour obtenir ce que l'on souhaite, partout et dans tous les domaines. Et notre mouche s'obstine et redouble d'efforts, détruisant à vue d'œil ses forces vitales, misant tout, avec une obstination croissante, sur une stratégie unique : combattre pour pouvoir enfin traverser la vitre !

Elle ne connaît qu'une approche : lutter, encore et encore, ne rien lâcher, tout miser sur cette tactique aberrante, qui la condamne inéluctablement à la mort... Elle est prisonnière de son passé et de celui des autres, qui l'ont conditionnée à nier l'hypothèse même d'une quelconque autre approche.

Elle s'épuisera et mourra, le nez collé contre la vitre, si près pourtant de la délivrance, de l'atteinte de son but vital. Car elle se trouve bien à une distance minime de la solution... Juste à côté, en effet, se trouve une fenêtre grande ouverte, qui lui offre la liberté souhaitée, atteignable en deux coups d'aile, sans délai ni efforts. Encore lui aurait-il fallu être capable de recul, afin d'imaginer une approche différente...

Vous trouverez certainement une similitude curieuse entre ce récit banal au possible et une stratégie de combat permanent profondément ancrée dans les mœurs de notre société, respectée sinon admirée... Nous n'imaginons que cette unique façon de satisfaire nos besoins, ou prétendus besoins, dans chaque domaine de la vie. Ainsi restons-nous prisonniers d'habitudes sclérosantes, enfermés dans une vision unilatérale, archaïque et destructrice, pourtant à une époque qui, comme jamais, offre une pléthore de solutions...

Comme nous le rappellent les quelques expériences insolites qui suivent, nos limites, qui nous semblent infranchissables, se révèlent souvent illusoires...

On attache le tout jeune éléphant à un arbre des plus solides, dont il ne pourra évidemment jamais se libérer... Ensuite, l'habitude étant ancrée, il suffira de l'attacher au moyen d'une cordelette à un simple piquet...

Dans le même aquarium, sont plongés des piranhas et des brochets, dont les premiers raffolent et se rassasient en quelques minutes. On place alors une simple cloison en plexiglas pour séparer les deux espèces, cloison contre laquelle les prédateurs vont se casser inexorablement les dents... Si l'on retire ensuite la cloison, les prédateurs couperont leur élan et ne franchiront pas la limite, pourtant devenue virtuelle.

Et dernier exemple de cette section, celui des puces sauteuses que l'on place dans un récipient. Leurs sauts dépasseront largement la hauteur du bocal. On couvre le bocal, puis le découvre après quelque temps... Inutile de le dire, les puces ne franchiront plus jamais la hauteur du récipient...

Profitez de cet éclairage pour sortir des croyances limitatives, selon lesquelles il faut souffrir pour concrétiser son idéal ! L'efficacité n'a absolument rien à voir avec une débauche d'énergie, laquelle ne peut que conduire dans le mur de l'échec, et même de l'abandon de choses qui ont du sens pour vous. En tant qu'Athlète de la Vie, brisez cet axiome voulant que, pour réussir, il faille souffrir et sacrifier des éléments essentiels de votre vie.

Osez donc abandonner les approches conventionnelles et cessez tout naturellement le « combat » ! L'histoire de la mouche nous le rappelle clairement, rien ne sert de vouloir forcer pour traverser la vitre… Prenez donc le recul nécessaire, vous permettant d'accomplir bien davantage, en produisant beaucoup moins d'efforts inutiles. Il existe partout autour de soi une pléiade de possibilités, de vitres ouvertes, mises à notre disposition pour concrétiser notre chemin qui a du cœur.

À chacun de choisir…

Trouvez les solutions, donc les occasions favorables, à l'intérieur de vous et non pas dans une solution formatée.

Commencer la course à pied à 60 ans et courir un jour les marathons de Montréal, New York et de Rome est possible !

Relever les immenses défis que présente une opportunité professionnelle, tout en profitant d'une vie familiale épanouissante et d'une forme étincelante, est également possible.

Exceller et réussir dans votre travail, tout en ayant de plus en plus de temps libre, est certainement possible !

Prendre le contre-pied d'une prétendue logique pour confier la direction de votre entreprise à un jeune pétri de potentiel et d'envie, est aussi possible !

Pour cela, sachez où vous allez, « décollez le nez de la vitre » et ayez toujours un dénouement clair à l'esprit. Ensuite, cultivez avec vigilance la question de la véritable réussite :

Comment matérialiser sa vision le plus simplement, le plus facilement, le plus rapidement et surtout le plus joyeusement possible ?

Puis, jouissez du voyage et de ses multiples surprises !

« Chose inouïe, c'est au-dedans de soi qu'il faut regarder le dehors. »

VICTOR HUGO

Être en harmonie, état naturel de l'équilibre !

En période de changement de saison, nous prenons davantage conscience d'une loi de la Nature riche d'enseignements, si l'on veut bien y accorder de l'attention : les cycles se succèdent inexorablement. Ce phénomène éternel nous permet de mettre en exergue un besoin tout particulier, celui d'apprivoiser l'équilibre. C'est l'objectif auquel l'Athlète de la Vie voue son quotidien.

Remettons-nous en mémoire l'équation gagnante, à laquelle nous sommes toujours ramenés. Elle s'énonce en trois étapes essentielles :

canaliser, agir, récupérer.

Et pourtant, que de fois ne nous sommes-nous pas retrouvés « vidés », et pourtant en hyperactivité, sans aucun espace pour souffler ! Cette sagesse primaire, inscrite dans le tréfonds de nos cellules, est l'état nommé homéostasie, état qui offre la santé. Et, bien malgré nous, nous nous retrouvons très souvent sur des chemins de traverse, titubant sous le poids des contraintes.

J'aime me souvenir de ces mots, si pleins de bon sens, d'un musicien de talent :

L'art de la musique est très simple. Entre chaque note trône un silence, et cela fait toute la différence entre une cacophonie et une symphonie ! Nous avons oublié, dans notre société obnubilée par la réussite à tout prix, qu'avant de réussir, il nous faut avoir un gage à donner. Or, pour offrir ou vendre une symphonie, il est crucial de se préparer à la jouer à la perfection.

Et pour atteindre ce niveau d'excellence, nous nous devons d'être parfaitement « alignés ». Voilà pourquoi, dans notre monde agité, il est crucial de cultiver des espaces de silence, ce qui veut dire, métaphoriquement, « passer à la pompe à essence » avant tout voyage, sans oublier, à l'arrivée, de laisser le « véhicule » récupérer...

Personne n'oublie ce principe avant de prendre sa voiture pour un voyage, mais une foule de gens s'élancent dans leurs actions avec agitation, ayant totalement oublié les besoins vitaux à satisfaire, pour pouvoir découvrir, sereinement et passionnément, tout ce que peut leur offrir leur quotidien, abordé dans ce nouvel état d'esprit...

En résumé, pour édifier une musique vivante, les musiciens qui ont l'honneur de lui donner vie se doivent avant tout d'être « en vie » ! Or, pour la « musique du quotidien », c'est le même principe : sois vivant, pleinement vivant, avant de commencer à jouer avec les autres, faute de quoi tu pompes leur énergie !

Et c'est lorsque chaque membre de l'orchestre est « vivant » que l'ensemble sonne l'équilibre et peut tendre à la perfection. Tandis que même dans un contexte idéal, qui permet le sublime, si certains musiciens ne sont pas pleinement « vivants », le déséquilibre naîtra toujours, avec son lot de frustration, d'excuses et de prétextes...

Inspirez-vous de ces confidences prônant les principes de l'équilibre, afin d'optimiser dorénavant votre quotidien. Vous n'êtes peut-être pas musicien, mais vous jouez régulièrement dans divers orchestres chaque jour. Il y a celui de votre travail, de votre famille, de votre rôle social, sans oublier votre harmonie personnelle.

Si l'on entend trop souvent une cacophonie, c'est que toute l'énergie est déployée au sein de « l'orchestre professionnel », et qu'il n'en reste plus ensuite pour que l'individu fatigué, sinon épuisé, puisse donner l'impulsion et le souffle... aux trois autres phalanges.

Il se retrouve ainsi plutôt « désaccordé » et le soir, défait devant son miroir, il éprouve une insatisfaction croissante, qui se fera progressivement destructrice.

Toutefois, en tant qu'Athlète de la Vie, vous avez compris, comme notre musicien, l'importance de faire jouer tout d'abord votre orchestre personnel, avant de produire l'harmonie au sein des orchestres familial, professionnel et social. Vous alternez avec brio les espaces de concentration, d'action et de repos. Vous cultivez sans relâche cette notion d'équilibre qui, elle seule, vous conduira vers vos cimes intérieures et, tout naturellement, vers la matérialisation « écologique » de vos grands objectifs.

Ceux-ci ne seront plus des épreuves parsemant votre chemin vers un éden rassurant, mais fantasmé. Les résultats obtenus seront les produits naturels de votre efficacité. L'intégrité et l'authenticité seront vos alliées de cœur à chaque instant, alors que le temps, au fil de ses 86 400 secondes quotidiennes, vous offrira une pléiade d'occasions de vous épanouir, en nourrissant votre bonheur au présent…

L'insatisfaction accompagne, aussi fidèlement que cruellement, ceux qui, perdant la notion des justes priorités, s'épuisent à la combattre et luttent contre des moulins à vent, voyant en dehors d'eux-mêmes la cause de leurs tourments. Inutile de le dire : cela générera à coup sûr davantage d'agitation !

La satisfaction, elle, croît de façon naturelle sur le chemin de ceux qui savent en tout temps « bien fonctionner », donc satisfaire leurs besoins vitaux, pour pouvoir ensuite jouer les partitions de leur choix, leur « art de vivre », en se vouant toujours à leur objectif supérieur : l'Équilibre !

À chacun de choisir…

Pour être plus « vivant » et transmettre tout naturellement de la satisfaction autour de soi, peu importe votre rôle, privilégiez la sagesse de « remplir votre réservoir… » avant votre périple du jour.

Pour cela, découvrez dans un premier temps les activités, les lieux, les environnements qui vous nourrissent généreusement et qui créent donc votre équilibre. Ensuite, délestez-vous comme on fait monter une montgolfière : jetez par-dessus bord la culpabilité d'être bien, d'être énergisé et énergisant pour les autres.

Ne voyez là-dedans aucune trace d'égoïsme : être en harmonie est un état naturel qui convient beaucoup mieux à notre organisme, à notre famille, à nos partenaires de travail, qu'un état de déséquilibre, marqué par un épuisement latent, épuisant pour soi et pour les autres…

« Un homme a réussi quand il fait ce qu'il veut entre le moment où il se lève le matin et celui où il se couche le soir. »

Bob Dylan

Soyez le « réalisateur » de votre vie !

Stephen Hawking, l'un des plus grands physiciens contemporains, a dit : « Nous vivons sur une planète mineure, tournant autour d'une étoile très moyenne se trouvant à la limite extérieure de l'une des centaines de milliers de millions de galaxies… » Cette phrase nous propulse brusquement du « centre du monde » à un état microcosmique dans l'Univers !

Cela ne devrait-il pas nous conduire à relativiser l'importance de nos problèmes du quotidien ? Saisissons donc cette chance de prendre, enfin, un certain recul par rapport à nos routines chroniques, que nous avons pris l'habitude d'appeler notre réalité…

L'une des manifestations particulièrement récurrentes de ce phénomène apparaît dans notre exceptionnelle faculté de nous inquiéter. Une faculté qui limite, qui castre, qui pourrait nous détruire. Pris dans cet étau, nous orientons, à notre insu, la force extraordinaire de notre créativité vers la production de résultats néfastes…

Albert Einstein lui-même a relevé que l'imagination est le plus grand des pouvoirs jamais mis gracieusement à notre disposition ! Il en déduisit, non sans humour, que s'inquiéter consistait en substance à utiliser cet outil fabuleux qu'est l'imaginaire pour créer ce que nous ne voulions surtout pas voir se produire…

Ce raisonnement, d'un abord déroutant, sinon absurde, met cependant en lumière, pour qui veut bien y confronter ses propres expériences, une démarche aux conséquences potentiellement ravageuses… Dès lors, on se trouve sur la bonne piste, et commence à comprendre qu'il est infiniment plus fructueux d'utiliser son imagination dans le but d'améliorer systématiquement la qualité de notre vie, de nos relations, de notre activité professionnelle… Prenez conscience que vous avez le pouvoir, en développant des préoccupations positives, de créer et de réaliser des scénarios qui vont embellir toutes vos activités !

La condition sine qua non pour exploiter rapidement et efficacement ce richissime filon est évidemment de définir précisément ce que nous appelons « réalité ». Chacun d'entre nous porte son regard sur différents sujets qu'il côtoie invariablement jour après jour, comme un réalisateur de films focalise sa caméra sur différentes scènes de la vie… Bienvenue dans le monde contrasté des réalités de chacun, qu'une personnalité joviale illustrait ainsi, au lendemain d'une grande soirée d'anniversaire :

Une personne arrivant en voiture s'énerve de façon croissante, en raison du manque d'aires de stationnement… À partir de là, totalement aux prises avec sa mauvaise humeur, elle continuera de maugréer contre tout et fera un compte rendu désastreux de la soirée, des hôtes, du repas, du spectacle…

Une autre personne déposée par une connaissance juste devant la porte, rencontre tout de suite son meilleur ami, qui va lui présenter spontanément des convives, comme eux passionnés de nature et de randonnées… De vives discussions s'engagent, autour du buffet de cuisine indienne, leur préférée… Je vous laisse imaginer comment cette personne parlera le lendemain de cette soirée.

Une troisième, solitaire, observera malgré elle un couple d'amoureux passionnés et rieurs, s'amusant comme des fous. Ceci ravive la mémoire et les émotions de la pénible rupture qu'elle vient de vivre, et qui la dévorent… Même soirée, même spectacle, même repas, mais encore un commentaire qui sera bien différemment coloré !

Il y a ceux qui auront trouvé le repas trop frugal et ceux qui l'auront adoré, sans oublier ceux qui l'auront zappé, trop séduits par le spectacle, les rencontres opportunes, les discussions passionnantes… Il y a ceux qui auront trouvé du réconfort, ou qui en auront apporté, ceux qui fredonneront sans cesse la musique du spectacle, ceux qui se repasseront avec plaisir les superbes images du film, et ceux qui se seront ennuyés, sinon endormis…

Il y a encore ces deux inconnus, arrivés seuls, pris dans la magie d'une rencontre et repartis main dans la main, totalement épris l'un de l'autre, savourant ce lever du jour comme si c'était le premier…

Qui a raison ? Quelle fut la véritable réalité de cette soirée ? Comme vous pouvez le constater, le même événement revêt une pléiade de reflets, concordants ou discordants. On comprend bien, à l'aide de cet exemple, ce qu'il y a d'incongru à vouloir imposer à autrui « sa » réalité…

L'Athlète de la Vie que vous êtes a bien compris, quant à lui, qu'il ne réagit jamais à une situation ou à une personne, mais bien à *l'image qu'il se fait* d'une situation ou d'une personne. Votre pouvoir réside dans cette capacité d'être à tout moment un créateur d'images. Comme le disait Pablo Picasso, « tout ce que tu peux imaginer est vrai ! » Vous avez le choix d'influencer à votre guise votre quotidien, au gré d'un regard qui construit, qui embellit les situations et les gens, porté par le désir de profiter pleinement de riches partages. Ou au contraire par le regard qui « abîme » de provoquer de très fâcheuses conséquences…

Et même si, de prime abord, la situation ou la personne rencontrée paraît contrariante, souvenez-vous des mots de Hawking ! Notre petite planète n'est qu'un grain de sable, perdu dans une immensité infinie… Passez donc outre aux apparences néfastes et devenez créatrice ou créateur de films majeurs, excitants et propagateurs de ressourcement !…

À chacun de choisir…

À l'instar d'un cinéaste aux lentilles à l'affût de magie, utilisez votre regard telle une caméra. Multipliez les gros plans sur ce que vous aimez, modifiez la luminosité de l'image en utilisant des couleurs chatoyantes et bien plus attrayantes, augmentez l'intensité sonore en jouant avec les sons, les musiques, pour amplifier les sentiments… et optimisez le vécu en apprenant à développer le ressenti et les pouvoirs des sens aiguisés, afin de vivre en grand l'aventure de votre quotidien !

Ne laissez surtout pas les autres se saisir de la caméra et réaliser votre film : laissez vos sens s'exprimer et vivre en format géant l'aventure en cinémascope de votre quotidien !

Vous savez dorénavant qu'à tout moment vous pouvez modifier « l'intensité » de ce qui se passe à l'instant même, soit en accroissant ce qui vous fait du bien, soit en diminuant, voire annulant, la cause de vos tracas. Avec le même talent qu'utilisent les plus grands publicistes au monde afin de moduler les émotions des gens, mais en bénéficiant de l'autonomie complète !

« Je rêve ma peinture et ensuite je peins mon rêve. »

VINCENT VAN GOGH

Le temps : votre véritable richesse !

Pourquoi ne pas vous offrir le plus beau des présents : le temps ?

J'aime beaucoup ce proverbe indien qui en relève les vertus bienfaisantes :

« Le passé, c'est de l'histoire, le futur un grand mystère, en revanche ce moment est un cadeau. C'est pourquoi on l'appelle le présent ! »

Je ne cesse de rencontrer non seulement des personnes qui courent éperdument après le temps, mais aussi des organisations, des équipes de travail, des familles… contaminées par ce fléau qui propulse toujours davantage de monde dans le mur des désillusions et du burn-out, en raison d'une gestion calamiteuse de ce précieux présent.

A-t-on jamais vu sur le marché autant d'outils, y compris technologiques, affûtés dans le but d'affiner la maîtrise des agendas ? Et pourtant, non seulement ces techniques provoquent échecs, frustrations et désillusions, mais pire, elles amplifient le stress ! N'est-il pas frappant, et à la limite grotesque, de voir nos contemporains nager dans une marée luxueuse de téléphones portables et de toutes sortes de technologies… censées les rendre plus autonomes, alors qu'elles les emprisonnent en fait dans la spirale fatale du « subir ». Des contemporains en quête de savoir néanmoins réduits à des rôles de victimes, impuissantes, immobilisées, tétanisées, alors que tout autour semble aller de plus en plus vite…

C'est pourquoi je vous propose, justement, de profiter du moment présent pour vous offrir un arrêt sur image…

Qu'est-ce en fait que le temps, sinon un code élaboré par l'être humain, afin de se rassurer, de trouver des repères lui permettant de mieux évoluer dans l'existence ?

La futilité et la limite de cette conception ont été mises en exergue par Albert Einstein, par le biais de sa fameuse théorie sur la relativité : le temps représente une simple interprétation, qui dépend essentiellement de l'expérience de chacun. Qui n'a jamais expérimenté les heures qui s'écoulent comme des minutes d'éternité, en compagnie d'êtres chers, aussi bien que des séances de travail épuisantes qui semblent interminables ?

Je vous propose de vous glisser, ici et maintenant, dans la peau d'un Athlète de la Vie, afin de vous libérer définitivement de cette emprise, et de pouvoir, à l'inverse, jouir pleinement de tous les instants de votre vie. Cette métaphore que je raconte volontiers lors de mes conférences, ne manquera pas de vous éclairer :

Imaginez qu'à partir d'aujourd'hui, vous receviez, chaque matin, par virement automatique sur votre compte bancaire, 86 400 euros... Ce montant vous est versé, jour après jour, que vous ayez été la veille une personne très agréable, à l'écoute des besoins des autres, ou tout à fait détestable... Oui, quelle que soit la façon dont vous vous comportez, parlez ou pensez, ce joli montant augmentera votre capital et votre richesse jour après jour.

Les visages ébahis à cette évocation montrent combien cette éventualité vous comblerait d'aise, et vous auriez bien raison ! Mais allons un peu plus loin : je suis bien persuadé que chacun d'entre vous investirait tout ou une partie de ce pécule afin d'acquérir des biens qui lui manquent, de visiter des lieux enchanteurs, d'offrir des cadeaux aux personnes chères, de soutenir de belles causes...

Je vous vois très mal consacrer ce précieux capital à remplir votre maison d'objets que vous n'aimez pas, visiter des lieux sans âme, donner à des gens malhonnêtes et soutenir des mouvements qui ne respectent pas vos valeurs...

Eh bien, sachez que vous recevez gratuitement, chaque matin et depuis déjà un certain nombre d'années, 86 400 secondes vierges, 1 440 minutes vierges, 24 heures vierges !... Vous les recevez avec la régularité d'un métronome, comme un inestimable présent quotidien !

La véritable question est la suivante : qu'en faites-vous ? Est-ce que vous dépensez votre richesse à consacrer du temps aux gens qui pompent votre énergie, à des dossiers qui vous dépriment, à des réunions qui détruisent votre image de vous-même, à des activités qui bouleversent l'équilibre subtil de votre santé, physique et mentale ?

Ou, au contraire, employez-vous cette richesse pour la partager avec ceux que vous aimez, afin de développer des projets qui ont du sens pour vous, avec des personnes que vous respectez et qui vous respectent, et pour l'investir à prendre soin de votre vitalité et de votre sérénité quotidienne, notamment à vivre en des lieux qui font vibrer votre cœur ?

Matériellement parlant, à l'évocation de ce qui précède, je l'ai entendu, vous avez unanimement pensé que ce serait totalement insensé et irrespectueux de dilapider tout cet argent de cette façon ! Alors, qu'en pensez-vous, dès lors qu'il s'agit de votre capital-temps… ?

Profitez de cette lecture pour vous positionner sur la gestion à venir de votre temps ! Investissez-vous corps et âme, pour le consacrer à ce qui fait sens pour vous ! En considérant votre temps comme l'essence de votre véritable richesse, il vous sera désormais beaucoup plus facile de dire non aux voleurs de temps, non aux multiples sollicitations commerciales, incongrues au cœur de votre projet de vie, non à cette pernicieuse culpabilité, qui vous rend coupable de satisfaire vos besoins vitaux…

Voilà qui vous permettra tout naturellement de dire oui au chemin qui a du cœur pour vous, conscient bien évidemment que, un jour, le versement quotidien s'arrêtera, et qu'il n'y a donc plus de temps à perdre…

Profitez-en, célébrez-le, jouissez-en !

À chacun de choisir…

Offrez-vous dorénavant du temps pour prendre soin de ce précieux capital qui est « Vous », en vous consacrant, en exclusivité, 900 secondes quotidiennes !

Sortez du lit, par exemple, 15 minutes plus tôt… 15 minutes que vous utiliserez à votre guise, pour vous étirer, effectuer des respirations profondes, aller marcher dans l'inspiration de la journée naissante, lire quelques pages inspirantes ou, tout simplement, savourer votre thé dans une solitude méditative…

Maintenez ce cap durant 21 jours et appréciez-en pleinement les effets bénéfiques sur votre équilibre personnel et votre précieux bien-être !

Et pourquoi donc ne pas vous offrir le cadeau de « doubler la mise » pour trois nouvelles semaines ?

Car soyez sûr que, en une année de cette pratique, votre maîtrise de vous-même, donc de votre vie quotidienne, et votre niveau de performance professionnelle (entre autres) auront progressé d'un pas leste !!!

« *Le chemin est la destination !* »

Proverbe indien

Créateurs de saines habitudes

Saisissez l'opportunité de cette journée pour vous aventurer hors des sentiers battus. Pourquoi ne pas oser emprunter d'autres chemins, porteurs d'épanouissement, dont vous ne soupçonnez peut-être même pas l'existence à ce jour ? Pourquoi ne pas sortir des autoroutes surchargées d'habitudes déséquilibrantes et génératrices de mal-être, mais bien établies, parce que le territoire connu rassure ?

J'apprécie beaucoup ces propos de Don Miguel Ruiz :

« La vie est dans ce qui se passe, la mort dans ce qui est passé. »

Un bon test pour savoir si une habitude est bénéfique, ou au contraire néfaste, est d'en estimer l'impact sur votre énergie quotidienne : est-elle génératrice d'un plus grand bien-être, grâce à une énergie croissante, ou pompe-t-elle votre précieuse substance vitale ? Cette prise de conscience est la technique imparable permettant de savoir si vos comportements habituels créent de la vie en vous, ou au contraire vous consument à petit feu…

Quelle est cependant la norme de société que nous connaissons ? Une recherche frénétique nous poussant à vouloir « contrôler » compulsivement tout ce qui se passe autour de nous, dans l'illusion totale de préserver ainsi notre vitalité, notre intégrité. Le résultat en est pourtant contraire : diminution de notre vitalité, accroissement des soucis, donc encore moins de vitalité, etc. Le cercle vicieux est enclenché et fera son œuvre !

Vous souhaitiez être *intègre* et vous vous *désintégrez.* En résumé, plus vous cherchez à « contrôler », plus vous êtes sous le joug de la peur, dont on sait parfaitement qu'elle est la pire conseillère. C'est ce que rappelle cette histoire, contée par ce vieil homme si jeune à ce jeune homme si vieux, que j'étais lors d'un de mes séjours en Australie :

La seule chose que tu puisses maîtriser, c'est ce qui se passe entre tes deux oreilles, à l'intérieur de ta tête. Tu ne réagis jamais à une situation, mais bien à l'image que tu te fais de cette situation. Ta réalité est en fait une simple interprétation. La différence entre toi et moi se trouve dans le fait que tu t'agites dès que les choses te contrarient et que tu rayonnes quand ces mêmes choses te conviennent. Lorsque cela résiste, tu te précipites dans l'arène pour tenter de changer les gens et les événements.

Tu es comme ce navigateur qui, dès que la tempête se lève, peste contre le monde entier et se rue sur le pont pour tenter de faire changer le sens du vent, l'intensité de la pluie, la hauteur des vagues… Comme le chien de Pavlov, tu n'as appris qu'un mode de réaction : en l'occurrence vouloir changer ce qui t'entoure ! Tu t'épuises inexorablement, jusqu'au moment où une lame de fond te jettera par-dessus bord, et où tu seras englouti par tes vagues de lamentations et de regrets…

En réalité, la seule chose à faire, lorsque la tempête fait rage, est de te mettre à l'abri, avec humilité, au fond de la cale. Là, tu pourras te retrouver et affûter sereinement tes qualités propres, transformant cette adversité apparente en défi qui t'est offert ! Ce seront les voiles qui te permettront de croître dans la maîtrise de toi, te constituant une réserve inépuisable de bonnes habitudes, génératrices de solutions. En résumé, la différence entre toi et moi, se trouve dans le fait que tu es satisfait seulement lorsque l'environnement te semble clément.

Moi, je suis satisfait quel que soit l'environnement ! Réveille-toi, ne gaspille plus ton temps à créer des habitudes qui nourrissent la peur ; choisis au contraire de nourrir les habitudes qui génèrent la vie, le reste suivra, tout naturellement !

Oui, l'Athlète de la Vie comprend l'importance de valoriser son temps en créant des habitudes productrices de solutions, quoi qu'il advienne. Il suit jour après jour les paliers classiques de tout apprentissage, pour devenir de plus en plus conscient, donc efficace dans ses choix, paroles et actions.

Il quitte d'abord le premier niveau, « inconscient d'être inconscient… ». Sur le second, il s'entraîne à prendre conscience de son inconscience, et il subit malgré lui les relents de ses mauvaises habitudes passées. Ceci lui permet de s'élever au troisième niveau, où il devient conscient qu'il est conscient, ce qui revient à semer les graines d'habitudes génératrices de bien-être, de solutions et d'intégrité.

À son image, vous vous élèverez ensuite tout naturellement au quatrième niveau, auquel, devenu « inconsciemment conscient », vous générerez naturellement, avec la régularité d'un métronome, l'harmonie et le succès, ce que certains appellent LA CHANCE.

À chacun de choisir…

Prenez le temps de vous arrêter et de noter sur deux feuilles de papier vos habitudes agréables et les désagréables, ceci sans implication émotionnelle, à l'image d'un Sherlock Holmes de votre mental. Ensuite, décidez de renforcer les saines habitudes en les utilisant davantage au quotidien et remplacez trois habitudes néfastes par trois nouvelles, à votre service.

Lors des 21 prochains jours, dès que vous verrez réapparaître ces anciennes habitudes, mettez en action les nouvelles, à l'image d'un jardinier, fervent dans l'attention qu'il accorde à ses jeunes pousses.

Elles deviendront vos plus fidèles alliées, puisqu'elles resteront, par définition, fidèlement présentes pour vous offrir le terreau de votre nouveau « jardin d'habitudes » !

Au terme de cette période, fort des résultats constatés, prenez trois autres habitudes et poursuivez le processus…

« ***Mon travail, c'est de rêver.*** »

Steven Spielberg

La joie, ciment indispensable au succès !

Chacun de nous éprouve un besoin viscéral : celui du plaisir y compris sa cohorte de sentiments légers, joyeux et porteurs, dont le signe distinctif est le sourire… Viscéral, ce besoin, et pourtant généralement relégué aux oubliettes ! Dans notre culte contemporain du rendement, la légèreté de l'être n'est plus guère que le privilège des enfants ; elle est bien rangée dans le placard aux souvenirs, vestiges d'un autre temps, d'un autre monde, bien éloigné…

Pour quelle raison cependant vous soumettriez-vous à cette constatation affligeante, stérilisante et fossilisante, qui tisse insidieusement sa toile d'araignée, visant à éradiquer le droit au plaisir et aux éclats de rire ? Pourquoi ne pas nourrir ces fourmillements chaleureux qui étreignent et réchauffent le ventre, en lieu et place du sérieux généralisé, devenu de mise ?

Il y a bien longtemps qu'ils ont disparu, ces rires contagieux, ces sifflements de bonheur et ces regards rieurs et complices sur les lieux de travail, dans les transports publics, à l'occasion de repas de famille ou entre amis… Cela semble si facile de glisser dans une attitude d'isolement et de repli sur soi, ou alors de se complaire, la mine renfrognée, dans des conversations « sérieuses » sinon de se laisser aller allégrement à colporter cancans et rumeurs aux conséquences hautement nuisibles…

Ah ! qu'il fait pourtant bon vivre près d'une école et ressentir cette masse d'énergie colossale émanant des enthousiasmes, des rires, de l'entrain… sentir la vie, tout simplement ! Quel bien énorme on se fait en se laissant imprégner et nourrir, corps et âme, par cette force énorme, vivifiante et hautement régénératrice !

Voici comment l'exprimait récemment un aîné, rieur et taquin, rencontré lors d'une croisière sur l'océan Indien :

As-tu remarqué qu'ici les gens savent encore bouger naturellement, danser avec légèreté, chanter avec spontanéité, rire aux éclats, marcher avec tranquillité et s'asseoir posément, sans autre intention que de contempler un coucher de soleil ?

Sous d'autres latitudes, prétendument évoluées, on donne des cours pour apprendre des choses aussi naturelles et instinctives que de se mouvoir, danser ou chanter !

Et j'ai été mort de rire en apprenant qu'il fallait un diplôme, validé par on ne sait trop quelle instance, pour pouvoir transmettre ce savoir…

Bientôt, il faudra des cours pour apprendre à rire, à sourire avec naturel, à manger ou même à faire l'amour… Qu'ils sont drôles en fait à toujours privilégier le savoir intellectuel ! Tu n'apprends pas à danser, à chanter, à rire, à bouger dans un manuel : ce savoir est à jamais imprimé dans nos cellules. Le vivre, voilà le secret ; y penser, voilà la punition !

Bientôt, je me retrouverai condamné pour avoir exercé sans diplôme l'activité ancestrale de cueillir des plantes dans la nature ! Hilarant, non ? Quelle divine comédie !

J'apprécie énormément ce bon sens, étant né à la campagne et ayant été élevé dans les valeurs paysannes. Voilà peut-être l'une des raisons pour lesquelles je suis toujours en harmonie et je partage avec des gens de culture totalement différente, mais tellement proches par leur authenticité.

Où que je me sois trouvé, en effet, j'ai eu la grande chance de partager un bout de chemin avec des personnes qui se donnent cœur et âme, pour atteindre des objectifs qui ont du sens, pour elles et leur environnement.

Athlètes, entraîneurs, gens d'affaires, entrepreneurs, médecins, artisans et commerçants ont tous un point en commun : ils se vouent sans réserve à leurs tâches, avec une perspective infiniment plus grande que la satisfaction de leur ego. Ils offrent ce qu'ils aiment faire par-dessus tout pour aider d'autres personnes, pour servir une cause plus grande qu'eux, pour améliorer la qualité de vie de leurs contemporains.

Le ciment indispensable au succès réside toujours dans la joie, l'enthousiasme, la légèreté et la complicité de se réunir et d'offrir généreusement sa différence. J'ai vu des vestiaires sportifs se transformer en salle de jeu, vibrante de danses, de musiques et d'éclats de rire, quelques minutes avant une compétition, pour donner vie à une « équipe » dans un cœur commun, complice, devenant par là même capables de la plus grande rigueur pour gagner avec régularité.

J'ai vu des aventuriers partager, sous la tente du camp de base, une fondue conviviale et s'unir dans la plus grande complicité, pour bientôt apprivoiser les plus hautes cimes en un temps record.

J'ai vu aussi des gérants ou chefs de service, détendus et souriants, se focaliser collectivement, avec une ferveur toute particulière, sur les « 20 % d'efforts qui rapporteront 80 % de résultats », afin de mieux servir leur clientèle. Comme j'ai vu des artisans pétrir la pâte ou travailler le bois, avec une étincelle de passion communicative au fond des yeux. Des hommes sur un chantier, par des températures polaires, sifflaient, chantaient et riaient aux éclats, car passionnés et animés de la joie de concrétiser matériellement la vision de l'architecte.

Partout, partout, on peut retrouver la même dévotion joyeuse à rendre réelle une utopie !

L'état de joie précède toute victoire, comme le souligne Yannick Noah ! Ici et maintenant, je pianote avec une effervescence particulière sur mon clavier, afin de vous transmettre cet élan, *cœur à cœur*, essence de toute aventure humaine, qui ne génère que la réussite, parce que précisément ce n'est pas l'intention prioritaire. J'écris parce que j'aime écrire et transmettre des élans.

Même si nous sommes dimanche, que le temps est gris et froid, j'ai le sourire aux lèvres, car partager ce moment avec vous a été des plus jubilatoires !

Sourire avec candeur ou se figer avec rigueur ?

À chacun de choisir…

Je vous propose de prendre le temps, ces prochains jours, de pratiquer des activités qui ont du sens pour vous, afin de nourrir de façon totalement autonome votre niveau de joie intérieure.

Vieux ou jeune, osez prendre le contre-pied du sérieux « de rigueur », pour vous aventurer à rire, à danser, à chanter, à bricoler ou à simplement sourire !

Un enfant rit aux éclats, sans raison particulière, environ 150 fois par jour, mais un adulte, environ 6 fois… Le sourire ornera le visage radieux de l'enfant environ 400 fois par jour, pendant que l'adulte s'en accordera généreusement une quinzaine…

Cultivez l'enfance en votre cœur : entre autres bienfaits, cela aura l'effet de ranimer votre système immunitaire, par la sécrétion d'immunoglobuline A (IgA), première parade du corps contre les virus et les autres agresseurs externes !

Il s'avère que leur production augmente pendant six heures, lors d'émotion joyeuses, alors qu'elle chute de façon radicale pendant le même laps de temps, sous le coup d'émotions désagréables.

« *Ça prend du temps pour devenir un enfant.* »

Pablo Picasso

Une rose s'ouvre, tout simplement !

Qui ne s'est jamais surpris à entrer dans une journée comme on prend le départ d'un marathon, mais sans savoir du tout où se trouve la ligne d'arrivée ?... Cela entraîne un comportement inévitable : lutter afin de mettre de l'ordre dans tout ce qui ne tourne pas rond autour de nous. Cette programmation s'impose dès l'aurore de chaque jour, générant un mal-être persistant et sclérosant. Courir pour courir, dans tous les sens, éperdument... quoi de plus radical pour ruiner l'énergie et saper le moral ?

Dans cette danse folle, à la limite de la transe, l'individu se compare à une balle de tennis, que chaque joueur renvoie dans tous les sens et toujours plus rageusement...

Ne vous êtes-vous pas retrouvé dans ce rôle, totalement dévalorisant, de victime, manipulée par les gens qui vous côtoient ou les événements qui se bousculent ?

Vous puisez le bonheur ou attirez le malheur au gré des heurts et des mésaventures du jour, selon que vos attentes sont comblées ou, au contraire, que vous vous retrouviez pénalisé, freiné, frustré ou agressé... Vous aurez sans doute remarqué le stress croissant engendré par votre perception du monde en cas d'impair et vous risquez de traîner votre fardeau lourdement par votre façon de planifier, d'envisager et de vivre votre agenda de la journée !

Alors la vie devient progressivement une lutte, dont le but est de « changer tout ce qui ne va pas », dans ses relations, son travail, ses objectifs... Dans ce déficit cruel de confiance, que va-t-il se passer ? Eh bien, vous allez naturellement rechercher, toujours davantage, la reconnaissance d'autrui, chercher une source de réconfort, tenter d'être rassuré sur vos compétences véritables... Dès lors pris dans un cercle vicieux, vous intensifiez sans cesse vos « efforts » désordonnés, qui ne règlent évidemment plus rien. Il s'agit alors de « sauver la face », d'afficher devant les regards extérieurs une image de gagnant, à laquelle vous ne croyez plus du tout…

L'Athlète de la Vie que vous êtes a cependant pris conscience que ce pugilat avec les impondérables propulse simplement la victime dans le royaume du subir. Et plus le subir est grand, plus vous passez votre temps à « réfléchir » sur votre existence, au lieu de « ressentir » votre vie et d'agir pour le mieux. Vivre sa vie dans sa tête enferme dans une rumination mentale de scénarios de plus en plus scabreux, visant à tout vouloir contrôler, ce qui est le symptôme d'une peur croissante, au rythme d'un mental fou, obsédé par une chimère : rééquilibrer notre déséquilibre !

Voici à ce propos ce que me confiait récemment une dame fort avisée :

Un matin comme un autre, j'ai eu une profonde intuition : depuis le temps que j'utilisais mon mental pour résoudre tous les « problèmes » de ma vie, j'aurais quand même dû, à mon âge avancé, avoir enfin trouvé cette formule magique et ce précieux équilibre tant recherché ! Une multitude de journées à penser, penser et penser encore, à n'en plus finir… Réfléchir et tout devoir comprendre était devenu un leitmotiv !

Je me suis obstinée dans ce combat, oubliant tout simplement de vivre ma vie ! Car vivre, c'est ressentir : cela ne s'explique pas, jamais ! Expliquer, classifier, analyser, c'est malheureusement s'enfermer dans notre monde de petites certitudes, dans nos préjugés réducteurs, donnant l'illusion d'avoir raison.

Alors, j'ai cessé d'analyser chaque chose comme « bonne » ou « mauvaise », pour tout simplement la vivre.

Cela a pris du temps, mais aujourd'hui, j'ose tout simplement être vivante, en écoutant la richesse de mon senti, de mon intuition. Pour la psychiatre que j'étais, quelle belle leçon d'humilité j'ai reçue !… Comme Albert Einstein l'exprimait délicieusement : Inventer, c'est penser à côté !

Notre « cerveau gauche », défini comme logique et rationnel, peut capter au plus 7 impulsions par seconde, alors que notre

« cerveau droit », celui des idées, du ressenti, du *feeling*, peut en capter 10 000…

La lutte crée le stress et le stress freine toute fluidité, toute harmonie, toute créativité. Nous voyons sans cesse, dans le monde du travail en particulier, une multitude de gens qui luttent, peinent, puis s'épuisent…

Excès de faire et déficit d'être ! Plus vous courez après les choses, plus elles vous fuient. Pourtant, les lois naturelles révèlent toujours et partout leur efficience…

Une rose s'ouvre, tout simplement !

À chacun de choisir…

Je vous propose de vous laisser bien davantage « couler » dans votre quotidien, en quittant progressivement le besoin de tout vouloir contrôler. Osez tout naturellement vivre les événements, sans cette obligation de les qualifier de bons ou mauvais. Profitez plus de votre journée et de ces surprises, au lieu de dilapider vos précieux moments dans le souci de tout et de rien. Faites moins d'efforts inutiles pour recevoir ce que vous voulez, et passez plus de temps à être présent aux expériences qui s'offrent à vous ! La présence passe par le ressenti corporel. Il vous connecte instantanément avec l'instant, car le corps vit toujours au présent.

« Les choses visibles sont seulement des coquillages dans lesquels est masquée la véritable beauté. »

ANTOINE DE SAINT-EXUPÉRY

Les pépites de votre quotidien

Au fil de cette lecture, je vous propose de porter un regard constructif sur votre quotidien. Comme l'ont souligné de tout temps les peintres et sculpteurs inspirés, les premiers coups de pinceau ou de burin possèdent un pouvoir capital sur le résultat final.

S'ils sont alignés sur l'excellence, les suivants s'enchaîneront dans cet élan créatif positif et donneront naturellement naissance à un chef-d'œuvre. En revanche, si le début est hésitant, timide et peu concluant, il s'ensuivra un « combat », lequel, nous l'avons déjà relevé, ne fera que nourrir une force de résistance toujours plus grande.

Avez-vous remarqué, dans votre quotidien, comme certaines personnes portent mécaniquement leur regard sur les éléments négatifs qui les entourent ? Elles perçoivent d'emblée, « naturellement » pourrait-on dire, les défauts de telle ou telle décoration, de telle ou telle photo, de tel ou tel visage ou aspect, la petite cicatrice, la petite faute qui « fait tache » au milieu du poème de leur enfant, le manque d'originalité du nouveau projet de leur chef, le « mauvais » choix d'une collègue, le défaut physique du chanteur, qui s'exprime pourtant avec passion… La liste pourrait s'étendre à l'infini !

Avec insistance, ces personnes s'obstinent donc à voir sur-le-champ ce qui ne va pas, ce qui manque… Que ce soit lors d'une soirée, dans un spectacle, une interview, une formation, un projet stratégique… leur premier réflexe consiste à se focaliser sur une zone d'ombre, pour lui donner ensuite de la dimension et se fondre ainsi dans l'univers de la critique pour la critique. Elles cultivent ainsi, inconsciemment, et utilisent comme une sorte de bouclier de protection, la critique spontanée dans leur abord des gens et des choses…

Mais qu'est-ce qui se cache derrière ce besoin irrépressible de diminuer les autres pour tenter d'exister soi-même ? Qui en est le deus ex machina ? Sans aucun doute le sujet lui-même, en l'occurrence une personne en total manque de confiance, et qui trouve une sorte de refuge, de défense, dans cette mise en avant des défauts d'autrui, cultivant ainsi l'illusion dramatique d'être « au-dessus » des autres...

Le drame est que, l'énergie se trouvant là où se porte notre attention, cette personne va se créer ainsi une « seconde nature », dont elle deviendra prisonnière, absorbée par la critique et le dénigrement.

Et merci profondément à Virginia Satir de nous avoir offert cette merveilleuse formule :

« Je ne suis pas parfait, tu n'es pas parfait et c'est parfait. »

En demandant exclusivement la perfection chez autrui, nous façonnons un monde que nous ne trouvons pas à la hauteur. En critiquant sempiternellement autrui, nous ne faisons qu'exprimer un très triste dénigrement de nous-mêmes ! C'est l'effet miroir bien connu : nous ne nous aimons tout simplement pas...

Au contraire, en tant qu'Athlète de la Vie, vous êtes devenu conscient que ce que vous remarquez spontanément, naturellement, de beau et de bon chez les autres, est le reflet des qualités, talents et potentiels qui font partie de votre trésor intérieur.

De la même manière, vous découvrez que ce qui vous horripile chez vos amis, voisins, collègues... trouve ses propres racines en vous-même ! Car vous êtes bien le « manager de la Qualité » de votre quotidien. Vous seul possédez cette capacité de nourrir une attitude prolifique en occasions de réjouissances.

C'est ce à quoi vous vous attendez qui déterminera la qualité de votre prochaine rencontre, de votre journée de travail, de vos relations, de votre forme physique et de votre progression personnelle dans son ensemble. En toute circonstance, que vous soyez acteur ou spectateur, lecteur, voyageur, « entrepreneur », soutien de famille ou chef d'équipe... optez pour une attitude ouverte, qui fera de vous le « réalisateur » génial de votre existence. La Vie vous en récompensera par de multiples cadeaux !

Chaque moment, chaque aventure, chaque rencontre est une question de perspective. Comme le disait un manager avisé :

« J'ai rayé de mon vocabulaire le mot *problème*. Je conçois avec excitation que toute situation représente un défi à relever. Trouver les solutions est beaucoup plus épanouissant que de se morfondre à vouloir régler des problèmes, à en trouver des responsables, des coupables… »

À chacun de choisir…

Décidez-vous, et entraînez-vous à porter systématiquement un regard constructif sur votre journée ! Employez-vous pour cela à découvrir chez les autres les « pépites » qu'ils recèlent, et à vous passionner, en toute circonstance, pour la découverte du joyau caché… Devenez un spécialiste de l'art de savoir « regarder » et enthousiasmez-vous, toujours et toujours davantage, à relever chez vos relations, proches ou lointaines, leurs particularités positives !

« La beauté est dans les yeux de celui qui regarde. »

OSCAR WILDE

J'ai tout fait, j'ai tout fait... j'étouffais[2] !

Combien de fois nous surprenons-nous à rechercher notre crédibilité dans le regard des autres ? Bien trop souvent ! Il nous semble même « normal » d'être toujours « reconnu », autant dans nos activités professionnelles et personnelles que privées ou sociales.

Ce mode de fonctionnement présente la conséquence fâcheuse de nous placer dans une situation de dépendance, qu'elle soit affective ou liée à la reconnaissance de nos compétences et de notre crédibilité dans tout ce que nous entreprenons.

L'Athlète de la Vie que vous êtes se positionne cependant de façon diamétralement opposée, en ne mesurant plus sa valeur personnelle à l'aune des jugements et des humeurs d'autrui. Pour cela, vous choisissez de cultiver quotidiennement une saine estime de vous-même, libéré du besoin d'exister au regard des autres.

Vous vous concentrez uniquement sur le fait que vous pouvez compter sur vous-même, sur vos fécondes capacités, sur vos talents créateurs, sur votre potentiel en constant développement, pour répondre positivement et sereinement aux multiples défis de la Vie !

Vous êtes devenu l'artisan de votre existence, possédant cette riche capacité de trouver une solution à toute situation, au-delà de l'apparence qu'elle peut revêtir... Vous êtes ancré en vous-même, porté par la certitude bienfaisante et sereine que tout va se mettre en place pour votre plus grand bien : en cela, vous vous estimez !

Cette estime de soi résulte également de la conviction que vous avez droit au bien-être, au mérite, et le droit d'affirmer vos

---

2. Ce titre est une phrase de Jacques Salomé, psychosociologue et écrivain renommé.

besoins, assorti de la capacité de les considérer et de les satisfaire régulièrement. Vous ressentez chaque jour ce respect croissant de vous-même, terreau fertile de votre estime personnelle.

Vous vous libérez toujours un peu plus de ce besoin maladif, et dangereux, de devoir compter sur l'appui des autres pour vous sentir bien, pour être reconnu. Vous comprenez et acceptez de vivre dans un monde de diversité, dans la conscience de l'impossibilité de plaire à tout le monde, pour la bonne et simple raison que chacun attend quelque chose de différent…

Vous comprenez que vous soumettre à l'approbation des autres est l'amorce d'une aventure potentiellement douloureuse, sinon dangereuse. Pour ressentir la paix, il est crucial de donner une priorité sans concession à votre approbation personnelle !

Satisfaire vos besoins vitaux n'a rien à voir avec « l'oubli » des autres. Au contraire, plus vous prenez conscience que vous pouvez compter sur vous, plus vos interactions seront authentiques et libérées d'attentes inappropriées et viciées. Par la même occasion, vous ne vous comporterez jamais de manière à devoir sauver à tout prix une relation, sous prétexte que vous dépéririez sans elle.

Votre intégrité sera préservée, peu importent les circonstances. Et préserver votre intégrité, c'est oser ouvrir la porte en grand à votre authenticité, à ce que vous êtes véritablement. Comme l'a souligné le psychologue Allan S. Watterman, les personnes ayant une forte estime d'elles-mêmes ne sont pas enclines à se rendre supérieures aux autres, elles cherchent avant tout à coopérer ; c'est l'essentiel de la responsabilité sociale.

Combien d'entre nous se reconnaîtront dans le témoignage suivant ?

J'ai dilapidé une énergie incroyable, jour après jour, pour pouvoir survivre à ce chaos intérieur J'ai tout donné afin de continuer à exister au sein de mon travail et, au bout du compte, j'ai tout perdu. Comme hypnotisé par ce besoin trompeur de devoir toujours être à la hauteur dans ma fonction, je me suis investi sans relâche à satisfaire chacun au gré de ses demandes, pensant ainsi asseoir ma légitimité.

Jeté à terre, j'ai pu comprendre qu'il est impossible de répondre favorablement aux attentes de tous, tout en préservant son propre équilibre.

Je me suis perdu en oubliant l'essentiel : prendre soin d'abord de mes besoins vitaux, seul moyen d'acquérir une capacité naturelle à répondre aux véritables défis du quotidien. Et ce qui fut pour moi le plus douloureux aura été que, plus j'avançais dans ce déséquilibre, plus je paraissais un imposteur à mes propres yeux. Me reniant sans cesse, comment aurais-je pu être respecté ?

Je n'ai cessé de modifier mon comportement pour plaire à autrui, mais je me suis retrouvé girouette au gré d'opinions changeantes, improbables, au point d'arriver à ne plus savoir quoi faire. Incapable de m'estimer en dehors du regard des autres, j'étais poussé à faire, faire, faire... une boulimie du « faire », pour continuer d'exister, de survivre en fait. Au bout du compte, j'ai obtenu ce que je redoutais le plus au monde : être exclu du jeu... C'est au moyen de cette douloureuse expérience que j'ai compris que la source de l'estime de moi-même se trouvait au cœur de mon être.

L'une des plus grandes dépendances sévissant aujourd'hui réside dans le fait d'obtenir une approbation extérieure. Qui que vous soyez, osez nourrir avec entrain votre estime personnelle en reconnaissant votre capacité à être, et soyez-en abondamment fier !...

À chacun de choisir.

Décidez de nourrir, dès maintenant, votre estime de vous-même, en développant régulièrement votre niveau de confiance en votre valeur et en votre efficacité à résoudre les défis que vous apporte le quotidien.

Prenez également du temps pour apprécier le bénéficiaire de vos valeurs, c'est-à-dire vous-même ! Sentez-vous digne de concrétiser le succès, le bien-être au sein de votre journée. Plus vous ressentirez cette confiance, plus vous bâtirez des relations de coopération, plutôt que des relations conflictuelles.

« Le succès n'est pas la clé du bonheur.
Le bonheur est la clé du succès.
Si vous aimez ce que vous faites, vous réussirez. »

ALBERT SCHWEITZER

Tout changement est bon, toujours !

Lorsque tout change autour de nous, un seul comportement semble naturellement s'imposer : RÉSISTER ! Cette attitude implique cependant, en tout temps, partout et toujours, une dépense colossale d'énergie, pour un résultat exclusivement frustrant.

Dès lors, pourquoi ne pas adopter résolument et définitivement une attitude diamétralement différente, afin de voguer sur les vagues du changement avec la même aisance et excitation, à l'image du surfeur, totalement investi dans cet élan de vie si gracieusement offert ?…

L'Athlète de la Vie que vous êtes a décidé d'élever sa prise de conscience, pour comprendre et faire sienne l'idée que la seule certitude possible est que tout change constamment… Et c'est dans ce postulat qu'il va désormais ancrer sa confiance !

Bien, me direz-vous, mais comment faire de ce principe le facteur guide de notre quotidien ? Pour cela, il est indispensable d'intégrer un paramètre fondamental : votre réalité et l'événement que vous venez de vivre ne sont pas identiques, mais deux choses différentes !

Votre réalité dépend d'éléments qui forgent votre interprétation intérieure, tandis que la situation est la résultante de conditions et d'éléments externes. Pour être clair, vous ne réagissez jamais à une situation, mais bien à l'image que vous vous en faites.

Le principe est donc simple : c'est notre interprétation des faits qui crée en nous des émotions, lesquelles sont une réaction (de stress ou de peur, par exemple) à un phénomène extérieur… et ces émotions vont prendre toute la place et s'imposer, alimentant au passage certaines de nos croyances. Mais nous aurons l'occasion de revenir sur ce sujet si important et passionnant…

Autrement dit, vous ne pouvez en aucun cas modifier les événements, mais vous possédez la faculté, en vertu de votre « lecture intérieure », soit de céder le terrain à la frustration, à la colère, au regret, à la culpabilité... soit de développer progressivement la maturité permettant de créer des émotions de plus en plus agréables...

Oui, en créant une idée, vous formez une pensée ! Et en donnant naissance à une pensée, vous fabriquez une émotion, ce qui déclenche un processus programmé, une mécanique bien huilée... inconsciemment bien sûr et à vos dépens... Allez-vous en rester l'esclave, ou au contraire mettre en route un moteur d'une puissance exceptionnelle ?

Entrez au cœur du changement porteur, en vous entraînant, immédiatement (remettre à demain est souvent remettre à jamais), à vous reconnecter sur l'instant présent, grâce au pouvoir magique du questionnement.

La question essentielle à se poser est : *Que puis-je faire de ce qui vient de se passer et de la richesse que cela contient ?*

Puis s'enchaînent trois questions capitales, afin de s'enraciner dans l'instant présent et de ne pas divaguer, voire s'égarer complètement en esprit :

- Est-ce que mon corps est détendu ?
- Est-ce que ma respiration est profonde ?
- Est-ce que je bouge avec élégance ou parle calmement ?

En réaction à l'événement qui s'est produit juste avant, les réponses seront évidemment toujours « non », ce qui vous donne accès, tout naturellement, aux attitudes « justes » à l'égard de la tempête émotionnelle.

Devenant le témoin de votre réaction intérieure, vous déconnectez forcément vos mémoires d'événements anciens, avec leur ribambelle de peines et de souffrances. À défaut, ces mémoires vont s'enrichir encore des séquelles de la dernière situation fâcheuse vécue... et vous vivrez le changement d'une manière blessante, dans une attitude de victime, par rapport à une rupture amoureuse, à un souci financier, ou même à un souci de santé ou à la perte d'un emploi… Les pires conditions connaissent ainsi leur vecteur de résilience !

Voici ce que rapportait dernièrement, avec une profonde sagesse, une personne qui n'avait, et de loin, pas été épargnée par la vie :

Pourquoi ne pas envisager le déroulement de sa vie sous un regard neuf, au lieu de rester prisonnier d'un passé mal vécu, donc sujet à renaître inlassablement dans notre quotidien ?

Maintenant, lorsque les vents du changement me surprennent soudainement et perturbent ma quiétude, j'ai le cran de m'arrêter et de me poser ces questions plus que pertinentes :

- *Est-ce que ma réalité, ce que je suis persuadé de vivre ici et maintenant, est vraiment réelle, ou seulement la déformation délirante d'une simple situation ?*
- *Et pourquoi ne pas aller un peu plus loin avec moi-même, au regard de mon expérience de vie et avec le recul ?*
- *Est-ce que le changement, en fait, ne va pas toujours dans le sens du meilleur plutôt que du pire ?*

Si je suis honnête avec moi-même, je dois bien admettre que tout changement est un levier d'amélioration, d'évolution, et non le contraire !

Le vrai défi est de quitter le costume confortable de la victime et de se hisser dans un rôle d'adulte autonome, pour assumer de tout mon être cette responsabilité sociale, si importante pour l'équilibre de toute société.

Autrement dit, tout évolue pour le mieux ! Donc, pourquoi ne pas se délester une bonne fois pour toutes de ce phénomène de résistance au changement ? Osons nous aventurer avec confiance et entrain sur les vagues régénératrices de changement ! Puisque tout change autour de nous, changeons nos vétustes habitudes de pensée, au lieu de déformer notre réalité en direction du pire, ce qui ne fera que « miner » un peu plus notre existence…

Ou encore bien mieux : au lieu d'attendre d'être secoué par les tourments du changement, ayons l'audace de créer nous-mêmes, par anticipation, ces éléments déstabilisateurs, qui nous veulent en fait le plus grand bien !

À chacun de choisir…

Peu importe le changement qui se dresse devant vous en ce moment, modifiez totalement votre regard et demandez-vous clairement quels bénéfices peuvent naître de cette situation, au lieu d'en faire un problème énorme auquel vous allez vous frotter, avant de vous épuiser !

Modifiez votre opinion sur le changement et votre réalité extérieure se transformera sous ses meilleurs attraits !

« ***Soyons donc clairs, la vie tout entière est une décision.*** »

NEALE DONALD WALSCH

Savoir créer une équipe irrésistible

En marge d'une rubrique de *L'entraînant*, magazine destiné aux entraîneurs de football français (sport qu'on appelle soccer en Amérique du Nord), consacrée à la Coupe du monde féminine de la FIFA en Allemagne, j'ai relevé un principe qui, une fois adapté à votre situation personnelle, peut se révéler précieux car, dans le fond, nous avons tous des gens à « entraîner ».

Il est une constante étonnante qui revient sans cesse dans la bouche des entraîneurs, comme des managers, c'est l'affirmation d'être « à la tête d'une équipe ». Il s'agit du symptôme d'une confusion, au demeurant prétentieuse, qui est porteuse de très fâcheuses conséquences. Car nous « ne disposons » jamais d'une équipe, mais plutôt d'un groupe de personnes, dont nous devons optimiser le fonctionnement.

L'entraîneur qui possède la capacité rare de transformer un groupe de personnalités différentes en une « équipe » dont les éléments deviennent complémentaires, surfera durablement sur la vague du succès, car il possède les qualités du meneur d'hommes naturel.

Son atout n° 1 aura été de répondre avant tout à la question primordiale : *Pourquoi* ? Il aura parfaitement compris que la majorité des gens cherchent à savoir comment atteindre leurs objectifs, alors que la clé de tout succès tient dans la réponse à cette question : Pourquoi entreprendre ce défi ?

Ceux qui concentrent scrupuleusement leur attention et leur énergie sur les joueurs, leur vision et leur projet « personnel » s'exposent aux aléas du quotidien. Ils perdront une énergie colossale à tenter vainement de se faire entendre, respecter et suivre… et s'épuiseront à vouloir obstinément « motiver » leur troupe.

Cette cible n'est pas la bonne, cette œuvre est superficielle. En l'absence d'un projet de vie commun, ces entraîneurs en chef s'agitent dans une impasse. Voici des entraîneurs qui hurlent depuis la touche, vouent le monde entier au mépris public, quand ils n'insultent pas l'arbitre, ce qui leur vaudra, évidemment, des sanctions justifiées.

Voici également des chefs d'équipe en recherche constante de responsabilités autour d'eux, se focalisant sur leurs points faibles et sur les points forts de la concurrence, à l'inverse du bon sens.

Les Athlètes de la Vie, quant à eux, vouent toute leur énergie à donner du sens à un ambitieux projet de vie commun, créant ainsi les indispensables fondations de toute véritable réussite. Sur ces bases, ils pourront mettre en œuvre avec confiance ou déployer leur projet de jeu, leur stratégie.

Si les valeurs humaines essentielles ne vont pas de pair, les éléments du groupe, aussi grandes leurs qualités propres soient-elles, lâcheront le collectif aux premiers signes d'adversité. L'équipe devient alors un magma stérile, gangrené par des valeurs égocentriques, et le bateau sombrera corps et biens, le capitaine le dernier… si ce n'est le premier !

Pour Michel Hidalgo, la qualité n° 1 « d'un entraîneur, c'est d'être entraînant », tandis que le pape du management, Peter Drucker, affirme :

« Un manager n'a qu'une seule personne à diriger : lui-même ! »

Pour vous éclairer sur la différence des comment et des pourquoi, laissez-vous entraîner sur le chemin de l'histoire qui suit :

Entamons donc une petite balade sur les bords d'un lac de montagne, aux trois quarts gelé…

Vous y croisez tout d'abord un quidam qui vous propose de plonger en échange d'un repas… Évidemment, vous ne plongez pas, et personne ne plongerait !

Puis se présente une dame d'âge respectable, qui, déséquilibrée par le vent, échappe son sac dans le lac. Il contient 20 000 euros et des photos de famille, dont elle ne se sépare jamais. Pour récupérer celles-ci, elle vous propose de vous laisser les 20 000 euros. Vous hésitez…

Dernier cas de figure, vous marchez avec votre petite fille de six ans, qui soudain glisse et tombe à l'eau. Vous plongez sans hésiter !

Eh oui, tout le monde plongerait spontanément, car le sens du pourquoi éclate à l'évidence. TOUT tient donc bien dans la motivation, dans la raison profonde qui nous pousse à agir.

« Bâtir une équipe » consiste à faire progressivement muer un groupe d'individus, aux particularités et intérêts différents, en une équipe solidaire et enthousiaste, animée par le même but.

C'est dans ce cadre que chacun pourra exprimer ses différences, qui seront autant d'éléments de richesse d'un groupe devenant irrésistible.

Qui prend le temps de bâtir des fondations solides se donne toutes les chances d'occuper le haut du classement, de devenir un chef de file de son marché, d'atteindre les meilleurs résultats dans son entreprise !…

À chacun de choisir…

Voici les trois règles de base que révèle l'immense majorité des personnes et des équipes ayant atteint le sommet (et duré !) :

- Je m'engage à 100 % !
- Je pense « solutions » (et non « problèmes ») !
- Je décide et je réalise simplement.

Je vous suggère donc, pour la période qui vient, de vous entraîner à ce mode de pensée. À lui seul, il peut changer ce que vous voulez dans votre vie, donc… changer votre vie !

« ***La motivation est un feu d'en dedans.*** »

Stephen R. Covey

Premier rôle de votre téléréalité

La mode de la téléréalité a envahi les chaînes de télévision. Bien sûr, nous sommes de plus en plus conscients que cette réalité-là est bien déguisée… Justement, cette notion de « réalité » m'a interpellé, en particulier à la lumière de certaines réflexions de Don Miguel Ruiz, chaman et enseignant américain ayant écrit *Les Quatre Accords toltèques*[3].

Nous avons en fait là un terreau fertile et précieux pour « interpréter » notre quotidien. Prêt à vous laisser surprendre ?

Imaginez : vous ouvrez votre poste de télévision et « entrez » dans l'émission en cours. Observez ! Bon divertissement…

Elle retrace la vie quotidienne du héros, ses habitudes, ses manières de penser et de communiquer, de fonctionner avec les autres, sa façon de travailler avec ses collègues et supérieurs… Mais également comment il tisse des liens amicaux et, dans la vie intime, sa manière d'interagir avec l'élue de son cœur.

On y voit également son rôle auprès de sa progéniture, y portant grande attention, organisant des jeux différenciés pour son fils ou sa fille.

Vous êtes entré de plain-pied dans la réalité du premier rôle et vous prenez conscience de tout ce qui se passe dans sa tête, ainsi que de la façon dont il perçoit chacun des « seconds rôles » qui l'entoure chaque jour : sa fille, son fils, son épouse, ses amis, ses collègues de bureau, ses supérieurs, ses voisins et autres connaissances, proches ou lointaines. Et vous ne tardez pas à découvrir que ce personnage principal, c'est vous !

---

3. *Les Quatre Accords toltèques*, Saint-Julien-en-Genevois, Éditions Jouvence, 1999, ou 2005 s'il s'agit de l'édition de poche. Disponible sous format CD aux éditions Un monde différent.

Après vous être longuement immergé au sein de son monde, vous décidez de changer de chaîne et tombez sur une autre émission. Le personnage principal est vite identifié, il s'agit de votre conjointe ! Et une grande partie des seconds rôles partagent les « jeux » de votre existence, il y a aussi des étrangers, et puis vous-même, évidemment… Et là, stupeur, vous remarquez que votre manière d'évoluer avec votre amoureuse n'a rien à voir avec « votre réalité ». Elle vous fait jouer votre rôle différemment !

Et vous remarquez aussi une grande distorsion entre vos versions respectives, en ce qui concerne votre fille, votre fils, votre père, votre patron, vos meilleurs amis…

Interloqué, vous zappez encore et découvrez une troisième émission, dans le rôle principal de laquelle vous reconnaissez votre fille.

Et là, vous n'êtes pas moins stupéfait de voir que le film du quotidien n'a rien à voir avec votre version originale, pas davantage qu'avec la version précédente de votre épouse.

Vous êtes bien dans la même maison, entouré des mêmes personnages, les activités sont identiques, mais le film qui les représente est à nouveau complètement différent. La vision que votre fille a de vous vous étonne largement et la façon dont elle perçoit votre épouse est très inattendue…

Vraiment ébranlé, vous changez une fois de plus de chaîne, pour découvrir une autre émission, toujours en simultané, par exemple celle d'un proche collègue de travail. Et vous voilà à nouveau ébahi de constater que cette personne, comme les autres, a de vous une perception qui diffère complètement de la vôtre !

Vous venez en fait de prendre conscience que les gens ne vous perçoivent pas comme vous vous percevez… que tous « interprètent » leur personnage dans une version différente – aussi bien que vous croyiez les connaître –, parce qu'ils font partie de votre vie. Votre première réaction est de songer qu'ils ont déformé la « réalité », en fait votre réalité !

Toutefois, l'Athlète de la Vie que vous êtes comprend que chacun se raconte dans sa tête sa propre histoire, à longueur de journée. Vous êtes conscient que vous-même ne cessez de vous

« raconter », que vous êtes le créateur d'une fable perpétuelle que vous nommez « réalité ». Au regard de l'expérience que vous venez de vivre, il vous est facile de concevoir le défi que constituent les relations humaines. Que ce soit sur le plan amoureux, parental, familial, professionnel ou social, chaque protagoniste reste persuadé que la « vraie réalité » correspond uniquement à sa version des faits, à son propre film, et oublie complètement que les autres ont une vision différente. Chacun est focalisé sur sa propre fable.

Vous avez la possibilité de vous extraire de ce monde de confusion et de conflits, ici et maintenant. Vous intégrez que jamais personne ne vous percevra exactement comme vous-même, que chacun joue dans sa propre tragédie ou comédie.

Ceci vous amène aussi à voyager plus léger, car il est devenu clairement inutile de perdre votre énergie à vous battre contre l'image que les autres peuvent avoir de vous-même : dans leur propre émission, ils sont metteur en scène et premier rôle ; vous tenez un « second rôle ». Ce sont eux qui vous « imaginent », en toute bonne foi évidemment. Vous savez néanmoins que vous n'êtes pas obligé de les croire sur parole.

Vous avez le premier rôle dans la réalisation de votre propre fable. Il vous incombe d'en faire un chef-d'œuvre, une comédie de joie de vivre et de partage, ou d'offrir en pâture un drame, dont vous êtes évidemment le héros. De plus, au fond de vous-même, vous savez que tout cela, comédie ou drame, reste une simple histoire que vous vous racontez.

À tout moment, vous pouvez changer d'histoire, si vous le désirez, et laisser chacun vivre son propre conte.

À chacun de choisir…

Je vous propose de vous entraîner à vous détacher de ce que les autres pensent de vous, et de consacrer votre énergie à écrire au quotidien une fable qui ait du sens pour vous. Vous tenez le premier rôle de votre histoire, à l'instar de chacun d'entre nous pour la nôtre. Pourquoi perdre votre temps à vouloir changer les autres ? Soyez libre d'être vous-même, votre propre conteur, un conteur de belles histoires !

« ***Quoi qu'il arrive, n'en faites pas une affaire personnelle.*** »

Don Miguel Ruiz

Lorsque tout change, changez l'essentiel : vous-même !

En cette période de changements révolutionnaires, nous prenons conscience que rien ne sera jamais plus comme avant ! Nous voyons inexorablement fondre comme neige au soleil, littéralement se désagréger, tous nos repères traditionnels, aucun domaine n'étant épargné. Le phénomène est exponentiel et tout un chacun se retrouve aussi impuissant qu'ébahi devant ce bouleversement.

Dans le domaine particulier des affaires, ces mutations profondes mettent toujours plus les acteurs économiques en face de leur responsabilité sociale, confrontés à la mutation d'un paradigme essentiel. Ils ne peuvent en effet plus se fier à un cadre traditionnel et stable, déterminé par une autorité quelconque ; tous les repères « extérieurs » à l'individu ont en effet disparu.

Que tout change constamment est notre seule véritable certitude. Nous voici propulsés vertigineusement dans l'inconnu, avec pour conséquence une peine croissante à vivre « ici et maintenant ». Un phénomène d'autant plus déroutant, voire émotionnellement paniquant, que nul n'a été préparé à évoluer dans un contexte en perpétuelle mutation, pas plus dans le monde professionnel ou social que familial et personnel.

Une seule issue fiable s'offre à vous pour pouvoir naviguer harmonieusement et solidement dans ce marasme journalier : investir toute votre énergie pour optimiser votre entreprise personnelle, c'est-à-dire votre « fonds de commerce », votre légitimité de potentiels et de vécu, qui recèle les atouts vous permettant de devenir un « artiste » autonome du changement et une force de propulsion au sein de votre communauté. Alors que d'autres, assurément dans le moule, crient à la plus grande crise de notre histoire, vous acquérez la capacité de rester serein et motivé.

On peut tenir également pour certain que le pire serait de refuser cette mutation, de faire l'autruche ou de prétendre survivre en utilisant ce qui a pu fonctionner par le passé. Or ce serait pure hérésie. Il faut prendre surtout conscience qu'auparavant, la réussite se mesurait à l'aune de ce que l'on possédait : titres et diplômes, statut social, possessions matérielles… autant de symboles de pouvoir.

Mais ces normes des affaires sont obsolètes : vouloir un plus grand bureau, « presser » salariés et clients pour accroître égoïstement des marges… tout ceci est à l'agonie ! Bien sûr, beaucoup font la constatation que ce phénomène pervers s'amplifie dans de nombreux domaines, mais ce n'est qu'une fuite en avant !

Une tout autre motivation va prendre la place, avec le retour en puissance de l'authenticité et du plaisir de prendre soin avant tout des intérêts des autres et d'élever au rang le plus noble cette capacité ancestrale de l'être humain à « servir ».

L'Athlète de la Vie que vous êtes a, pour sa part, parfaitement intégré le principe que la meilleure façon de définir le succès dans cette ère nouvelle, ne se trouve en aucun cas dans ce que vous obtenez, mais bien dans ce que vous offrez.

Ironie du sort éternelle, si vous investissez constamment, avec plaisir, votre concentration, vos capacités et la richesse de votre parcours à accomplir mieux votre travail afin de procurer une véritable valeur ajoutée dans la vie des autres, vous pourrez alors vous regarder dans le miroir, non sans une légitime fierté, et vous dire que vous avez « réussi » votre journée et que vous pouvez vous endormir le cœur léger.

C'est justement ainsi, en faisant de votre mieux pour réussir chacune de vos journées, que vous pourrez accéder à la merveilleuse satisfaction d'avoir réussi votre vie !

Voici ce que me confiait récemment un des grands chefs de file financiers du monde des affaires :

Lorsque tout change, change l'essentiel, c'est-à-dire toi-même, et aide le plus grand nombre de personnes possible à découvrir comment mieux utiliser ce qui fait leur différence, leur talent ! Pour une entreprise, une organisation ou une équipe sportive, il est devenu vital de bâtir un environnement digne de confiance.

Pour cela, une seule solution : investir dans les gens, quels qu'ils soient ! Tout le monde est important, chaque rôle participe à la matérialisation de la symphonie ; la clé, c'est la complémentarité des potentiels. Le réflexe d'une direction, simpliste et réactif, en temps de crise, est de stopper la croissance potentielle des (vraies) ressources humaines, en supprimant la formation et les autres formes de soutien autrefois à la portée de celles et ceux qui labourent le terrain !

Plus que la branche, c'est vraiment couper l'arbre qui donne sens et vie à leur organisation.

Les managers leaders, au contraire, utilisent l'opportunité qu'offre le chaos, révélateur de ce qui ne fonctionne plus, pour rehausser la créativité, l'inventivité et l'originalité de leur entreprise, donc des membres de leur équipe. Seule la confiance apporte des résultats, toujours et sans égard au contexte. Lorsque tout s'agite, il faut avoir l'audace d'avancer malgré la charge de ceux qui critiquent, selon un ancestral réflexe qui s'abreuve à des peurs. Avancez, tout simplement !

En ces temps agités, même sous le bombardement d'informations sinistres, le plus souvent manipulées d'ailleurs, investissez dans vous-même ! Soyez fier de votre différence et générez une différence comparable dans la vie quotidienne de votre entourage ! Osez offrir de votre originalité !

Comme le disait Oscar Wilde : « Sois toi-même, car tous les autres sont déjà pris. » Et si ces autres s'investissent dans la critique et la propagation de rumeurs, soyez, quant à vous, pleinement occupé à bâtir dès aujourd'hui le monde de demain… Tout va toujours plus vite : il est déjà là !

À chacun de choisir…

Je vous propose, en tant qu'Athlète de la Vie, de vous entraîner à transmettre généreusement les fruits de votre originalité tout autour de vous, en laissant les gens qui croisent votre route se sentir meilleurs, plus engagés et plus joviaux qu'à l'instant de votre rencontre.

Ainsi, sans vous en rendre compte, vous aurez à la fin de la journée fait une énorme différence dans la vie d'autrui et vous n'aurez pas à vous soucier de savoir si vous obtiendrez du travail, car vous serez devenu incontournable, quel que soit votre rôle au sein de votre entreprise, famille, équipe ou communauté.

« Le jeu de la vie ressemble au lancer du boomerang : nos paroles et nos actes reviennent à leur point de départ avec une précision étonnante. »

FLORENCE SCOVEL SHINN

Marianna : un lieu où il fait bon vivre

Ne vous êtes-vous jamais demandé pourquoi certains restaurants ne désemplissent pas, devenus la cible privilégiée de toute une clientèle, même s'ils sont très éloignés, alors que d'autres restent obstinément vides ?

Pourquoi tel praticien enchaîne-t-il sans discontinuer les rendez-vous, tandis qu'un confrère, ou concurrent, situé dans la même rue, avec les mêmes diplômes, se désole de la maigreur de sa clientèle ? Ou encore pourquoi, côte à côte dans la même gare, un vendeur de sandwiches se retrouve chaque jour avec une file d'attente devant son étalage, tandis que son voisin compte avec ennui quelques clients isolés et grognons ? Tentons d'éclaircir cette énigme et de découvrir ensemble la recette naturelle du succès, applicable universellement.

Transportons-nous en Provence, dans l'un des plus beaux villages de France, qui voit défiler sans cesse une nuée de touristes, venus admirer ce lieu enchanteur. Il est fort intéressant et curieux de remarquer que la table conseillée prioritairement par les sites Internet se trouve être celle d'un petit restaurant situé loin de la turbulence quotidienne qui agite le village.

La propriétaire joviale s'enthousiasme, avec virtuosité, derrière ses fourneaux dans la préparation des mets les plus authentiques issus du terroir. Un mot anime chacun de ses gestes, ainsi que le fonctionnement de l'ensemble du restaurant : simplicité ! Tout est organisé avec la plus grande minutie, afin d'optimiser à la fois l'espace intérieur réduit, la terrasse au nombre de tables limité, l'espace de la cuisine, celui de la plonge… Tout a été pensé en fonction d'un accueil optimal, afin que la clientèle puisse vivre un moment privilégié, qui marquera durablement le souvenir de ses vacances provençales.

La joie irradie du lieu, deux jeunes étudiants rayonnent de l'envie de « servir » et n'ont pas grand-chose à envier aux meilleurs professionnels. Il en va de même pour la personne souriante qui donne la main à la plonge et en salle.

En fait, quand vous entrez chez Marianna, vous avez le privilège de prendre part à une symphonie de bien-être, d'authenticité et de plaisir ! En ce lieu réside le secret de la vraie réussite et je suis toujours frappé par les puissantes leçons de gestion et de leadership qui émanent de cet endroit pas comme les autres… Ici, chacun existe véritablement, chacun participe à la danse du plaisir, chacun joue son propre rôle, qu'il soit client ou hôte. L'ego a disparu de la circulation, pour laisser place au partage et à l'empire de la complémentarité.

Voici une belle leçon de management spontané :

« Le service touche bientôt à sa fin ; bravo pour tout ce que tu as donné, tu as pulvérisé le record du nombre de couverts à toi seule. Waouh ! Va te reposer un petit peu, c'est important de prendre soin de toi ; profite de cette accalmie, nous finirons après dans la tranquillité. Je termine ces trois salades et je vais boire un thé avec mon ami, souffler un peu, nous l'avons plus que mérité. »

Ainsi s'exprime avec enthousiasme la propriétaire des lieux, Marianna.

« Non, je ne peux pas, j'ai encore cette vaisselle et je suis l'employée. Je me reposerai après », enchaîne une charmante serveuse.

« Moi aussi, je suis une employée », répond spontanément Marianna. « Nous avons tout donné ensemble dans le feu du service, donc on se repose ensemble, ici et maintenant, ma chérie. »

Le leadership n'est pas une question de titre ; chacun, dans son rôle, peut être un leader ! Le seul avantage de celui qui possède temporairement un titre, c'est de donner encore plus de lui-même pour aider chacun à réussir… et non pas d'aboyer contre ceux qu'il qualifie de subordonnés.

« Plus ton titre est élevé, plus cela te donne la chance de servir les autres encore davantage. Si je veux que mon équipe prenne grand soin de mes clients, il est crucial que je prenne soin des personnes qui font la richesse de mon équipe, ma petite », de conclure Marianna.

Voici d'ailleurs ce que dit l'illustre Vineet Nayar, ex-PDG du géant de l'informatique HCL Technologies, une société indienne qui occupe 80 000 salariés dans plus de 30 pays : « Les employés d'abord, les clients ensuite ! »

Son entreprise s'est hissée parmi les chefs de file en quatre ans, grâce à son administration qualifiée de « plus moderne au monde ».

L'Athlète de la Vie connaît le secret qui permet de transformer tout lieu désagréable ou quelconque en une oasis accueillante rare et recherchée. Il mesure le succès non pas à l'aune de ce qu'il obtient, mais en fonction de ce qu'il a la chance de donner aux autres. Et quel plus grand bonheur quotidien que de pouvoir offrir généreusement autour de vous ce qui représente votre essence, votre originalité, en fait votre talent ! Comme l'a exprimé le richissime milliardaire Warren Buffett : « Il n'y aura jamais un meilleur toi que Toi ! »

Osez sortir du moule conventionnel qui formate chacun d'entre nous ! Quittez ce monde stérile de la comparaison et de la jalousie ! Vous n'avez strictement rien à prouver à quiconque, vous êtes unique, il existe une seule version de votre authenticité : incarnez-la avec la toute la puissance de votre chair et offrez, partout autour de vous, votre manière à vous de servir, de pratiquer votre métier, d'habiter votre rôle.

Il n'y a nul intérêt à vouloir être « meilleur que les autres ». La clé est de cultiver l'excellence d'être une version plus élevée de vous-même. Aucune compétition : œuvrez pour vous, pas contre autrui ! Modifiez votre étalon : le but est d'être et non de s'opposer. En vous donnant la permission d'être ouvert à votre potentiel, fidèle à vos valeurs, brillant dans votre différence, vous donnerez la permission aux autres d'être ouverts à leur potentiel, fidèles à leurs valeurs et brillants dans leur différence.

Eux, comme vous, ne peuvent que se scléroser à devoir devenir un modèle formaté, normalisé. Eux, comme vous, peuvent emprunter le chemin salvateur de l'authenticité. Nous avons tous expérimenté les pièges de cette démarche fallacieuse, qui consiste à tenter de « devenir quelqu'un ».

Soyez simplement vous-même ! Découvrez, laissez s'épanouir vos talents, vos compétences, vos qualités et votre potentiel ! Il n'existe qu'un restaurant Marianna, la Marianna qui a osé aller au bout de son rêve, en ayant l'audace d'être tout simplement elle-même, quoi qu'en disent et surtout en pensent les autres.

À chacun de choisir…

Pourquoi ne pas faire l'expérience, une semaine durant, de mesurer votre réussite, non pas en fonction de ce que vous obtenez, mais bien par rapport à ce que vous donnez, grâce à votre différence ?

Osez être vous-même, c'est-à-dire soyez original ! Et, après ces sept jours, observez l'efficacité exceptionnelle de ce nouveau paradigme, tant pour votre bien-être que pour votre efficacité personnelle.

C'est en étant ainsi efficace que votre confiance en vous s'accroît naturellement et amplifie le crédit que vous accordez à votre valeur, ce qui, effet magique, voit le regard des autres évoluer dans le même sens.

« Sois toi-même, car tous les autres sont déjà pris. »

Oscar Wilde

Osez la simplicité... tout simplement !

Je venais de terminer ma conférence-spectacle pour un de mes clients qui avait invité ses relations d'affaires à une croisière sur le lac Léman. Alors que je m'affairais avec motivation à inventer une dédicace originale de mon ouvrage *Athlète de la Vie : Agir ou subir ?* pour chaque participant à cette soirée lacustre inédite, quelqu'un m'a glissé à l'oreille cette bien belle anecdote...

Dans une petite ville, vivait un homme qui rayonnait de bonheur, jour après jour. Souvent qualifié de simple d'esprit par les personnes « sérieuses », il se délectait avec délices de l'essence de chaque instant. Un jour de pluie battante, un voisin, un brin agressif, lui demanda comment il pouvait être joyeux par un temps aussi pourri...

Mais lui, un grand sourire aux lèvres, répondit simplement :

« Si j'avais aujourd'hui la mine maussade et l'air frustré, la pluie tomberait avec frénésie quand même, mon cher ami ! Alors à quoi bon faire la tête ? Je vis et je ris, tout simplement ! »

Dans notre époque bousculée et troublante, prenez le temps de savourer inlassablement, et toujours davantage, la richesse de la simplicité. Celle-ci représente un véritable trésor quotidien, qui est là, sous vos pas, pour votre plus grand profit, si c'est votre choix. Mais il peut aussi être dilapidé, voire vous nuire, si vous restez esclave des circonstances environnantes. Et l'un des meilleurs moyens d'accueillir ce fabuleux présent, c'est d'oser se simplifier la vie, constamment.

Ce qui m'a toujours étonné lors de mes observations, c'est que l'ingrédient de la simplicité est au cœur de la réussite de toute personne ayant flirté avec l'excellence, de manière durable, dans son ou ses domaines d'activités professionnelles.

Le sportif d'élite qui relève les plus grands défis œuvre avec la conviction qu'il est SIMPLE d'envoyer cette balle ou ce ballon en plein cœur de la cible.

Le musicien virtuose qui survole sa partition en plein état de grâce, totalement abandonné à l'instant, cultive majestueusement l'art de simplifier les choses.

Le peintre le plus apprécié exécute avec candeur et spontanéité le bon geste au bon moment au bon endroit, avec un relâchement musculaire exquis.

Le danseur étoile, tel Vaslav Nijinski, qui flottait dans les airs, s'appuie avec béatitude sur l'élan de chaque note de musique, totalement abandonné à sa passion.

L'ébéniste qui sculpte avec une infinie précision et dévotion la matière noble, lui lègue une part éternelle de lui-même… tout naturellement. Il n'y songe même pas, mais il se donne à fond dans tout geste.

Le skieur étoile dévale en plongeant dans la ligne de pente vierge, avec fougue, mais aussi un respect absolu de Dame Nature.

Le cuisinier enthousiaste dont on apprécie les plats jongle avec les mets, les instants et les saveurs…

À toute activité, l'âme sera donnée par un élément clé, la simplicité ! Toutes ces personnes se donnent totalement à leur tâche avec le plus grand respect et une passion qui dévore tout.

Tel Michel-Ange qui se concentrait à créer l'image idéale de son œuvre dans son esprit, pour ensuite enlever le superflu de la masse qu'il sculptait, ne gardant que l'essentiel. Telle la Nature, qui met en œuvre, toujours et partout, le principe immuable de la simplicité, faisant naître la plus grande symphonie de vie.

Un point commun essentiel se révèle dans tous les cas : le besoin viscéral de donner le meilleur de soi-même, et de l'offrir généreusement, pour servir une cause bien plus grande que son simple ego…

À l'opposé, vous rencontrez si souvent des personnes qui tentent de vous complexer, vous reléguant à un « niveau inférieur », afin de galvaniser leur ego en mal de survivre. Ces divas délirantes oublient l'ingrédient essentiel et magique de l'existence : faire quelque chose qui ait du sens pour soi et qui donne du sens à la vie de ceux qui vont s'en servir, se fondre avec simplicité dans l'admirable symphonie qu'est chaque journée, en se rendant utile aux autres.

En tant qu'Athlète de la Vie, vous avez décidé de prendre le fameux « virage », qui mène de l'ambition démesurée, par manque de confiance, à une vie pleine de sens, en raison d'un authentique « service ». Vous optez pour la simplicité en lieu et place de la complexité, pour la sensibilité et de l'abandon en lieu et place du contrôle.

« Oser m'abandonner avec confiance à ce que je suis, à mes talents, à mes compétences, et offrir cette différence avec simplicité, le sourire aux lèvres. »

À chacun de choisir…

Lors des journées à venir, je m'entraîne avec enthousiasme et dévotion à cultiver au cœur de mes activités cet ingrédient vital que représente la simplicité.

Dès que l'occasion se présente, je m'engage à ôter tout le superflu afin de conserver l'essentiel. Je me souviens que le plus apporte le moins…

« Quand je travaille, je laisse mon corps à la porte,
à la manière des musulmans, qui retirent leurs chaussures
avant d'entrer dans la mosquée. »

Pablo Picasso

Arpentez un chemin qui a du cœur !

À l'occasion d'un récent séjour professionnel sur l'île de La Réunion, j'ai une fois de plus été le témoin privilégié de la matérialisation d'une vision, d'un projet humain, empreint d'audace, d'ingéniosité et d'humanisme. Me trouvant régulièrement sur cette île adorable, qui porte majestueusement bien son nom, j'ai pu y constater que, constamment, la créativité s'y exprime avec une authenticité remarquable.

Hôte de l'hôtel Iloha, à Saint-Leu, j'ai pu, à plusieurs reprises, témoigner de cette « attitude Iloha », qui émane largement de chaque service, dans cet hôtel où l'on excelle par sa différence.

Ici, l'humain occupe la première place et les personnes qui « portent » les couleurs Iloha affichent une passion et une élégance peu communes ! « L'équipe » est la notion fondamentale et, de surcroît, le client a la grande chance d'en faire partie !

Dans chaque secteur, tout le monde travaille main dans la main, affichant le plus grand respect envers les autres. Chambres, entretien, hôtellerie, restauration, réception et accueil, comptabilité et administration, animation, exploitation et direction générale : chaque service, sans oublier les propriétaires… tous chantent une seule chanson !

Comme la puissance du mot « univers » qui, étymologiquement, nous ramène à « uni-vers », ou bien aux différents systèmes qui composent l'organisme humain : une même motivation et un même investissement pour préserver l'homéostasie, le fameux équilibre du corps.

Il émane de ce lieu une absence totale d'ego, de blabla, de jeux de rôles et de pouvoir, qui ne dépassent pas le stade d'un titre sur une carte de visite. Non, ici parlent en premier les actes, avec la plus grande simplicité. Et chacun, peu importe son domaine d'activité, parle d'expérience de vie, fruit d'années de service, accompagnant avec délicatesse les premiers pas de telle ou telle jeune pousse…

La pertinence et la préoccupation constante de l'optimisation du service sont monnaie courante en cet établissement, comme dans bien d'autres, car l'esprit d'Iloha s'est répandu, inévitablement et heureusement. Lorsque l'île fut secouée par des difficultés économiques, attribuables entre autres à la crise sanitaire en raison de l'épidémie du virus Chikungunya, j'ai assisté à la fermeture de plusieurs hôtels, qui licencièrent leurs « équipes »…

Pendant ce temps, l'esprit d'Iloha réalisait audacieusement un lieu d'accueil totalement avant-gardiste, l'hôtel Palm et son spa de formule Akéa, offrant bain de fleurs et gommage à l'or blanc, en plus de produits de soin bio pour un luxe de bien-être.

Ce que j'apprécie plus que tout de cette culture d'entreprise hors norme, c'est que « tout est possible » et que l'on investit vraiment dans les personnes qui ont envie de donner le meilleur d'elles-mêmes.

C'est donc avec une immense joie que j'accompagnais David, directeur d'exploitation passionné et passionnant, qui m'offrait la chance de découvrir les efforts mis en œuvre pour optimiser l'hôtel :

Lors de ces transformations et de cette nouvelle évolution, tout le monde, campant son rôle, a pu apporter sa pierre à la réalisation de ce projet. En effet, qui mieux que les acteurs quotidiens peuvent amener les bonnes solutions pour optimiser l'accueil et l'amélioration du fonctionnement de chaque service ?

Les travaux ont été réalisés en un temps record, car la clarté du projet était constamment présente à l'esprit de tous, chacun affichant, en dépit des obstacles, une capacité d'adaptation, visant à les convertir en opportunités. Tous les membres du personnel se sont investis lors de ces travaux, quittant pour quelques semaines leur rôle habituel, afin de participer activement à la matérialisation de cette vision !

Dans ce contexte original et fait d'aléas nombreux, toujours dans une humeur joyeuse, nous avons ressoudé avec acuité les liens entre les effectifs et entre les différents services. Chaque personne en fait habite avant tout un rôle et il est primordial d'avoir défini clairement chaque rôle, leur but commun étant d'offrir des vacances optimales à ceux qui nous font confiance. Une seule motivation a dominé et nous anime toujours : créer un espace de vie et une atmosphère, favorisant le bien-être total de tous, collaborateurs comme hôtes de passage.

David rayonnait de cette saine fierté d'avoir rendu visible ce qui, au départ, semblait une pure et belle idée. Le tout a été accompli avec élégance et goût. Ainsi, le nouvel arrivant ne se doutera jamais de l'importance de cette métamorphose structurelle…

En outre, désormais, des espaces de rencontres réguliers avec les acteurs de cette « symphonie Iloha » visent à toujours mieux répondre aux vrais besoins des clients. À l'Iloha, on ose parler et répondre à l'humain en chaque visiteur, plutôt que de créer de faux besoins dans le but d'accroître le bénéfice…

Un grand merci donc à toute cette flamboyante équipe, qui affiche sur tous les plans une vision et des valeurs humaines puissantes, dignes de ces lieux de ressourcement hors pair. Vous êtes de véritables Athlètes de la Vie !

À chacun de choisir…

Je vous encourage vivement à prendre le temps de visiter des lieux, des entreprises, des institutions, des restaurants, cafés ou boutiques où des gens, en ces temps de « crise », ont osé matérialiser leurs visions.

Prenez le temps d'échanger avec ces personnes optimistes, qui s'expriment avant tout par leurs actions, au lieu de vilipender tout ce qui ne va pas en ce monde…

Puis agissez, ici et maintenant, osez lancer un *projet qui a du cœur* pour vous… Un voyage de mille pas s'amorce par le premier pas. Continuez sur votre chemin de création et un jour vous pourrez raconter avec une saine fierté à d'autres un bienfait issu de vos fibres, et vous les aiderez à oser à leur tour !

« Ils ont échoué parce qu'ils n'avaient pas commencé par le rêve. »

William Shakespeare

L'art de savoir décider : merci, Ilya Prigogine !

Il me semble particulièrement approprié de consacrer ces lignes à un art essentiel pour qui souhaite l'épanouissement de sa vie quotidienne : savoir décider.

Maintenez-vous à chaque instant dans cet état privilégié d'éveil, afin d'avoir la saine capacité de féconder de nouvelles opportunités, ici et maintenant !

Comme tout un chacun peut le constater en de multiples occasions, oublier cette précieuse vigilance, c'est entrer dans un univers sombrement tourmenté, peuplé de regrets mélancoliques à propos d'un passé irrémédiablement révolu, et dessinant les contours flous d'un improbable avenir…

En laissant perdurer ces scénarios artificiels, vous gâchez, inconsciemment mais à coup sûr, les instants neufs, cadeaux de la Vie, par des processus de pensée qui résultent de choix anciens et stériles. Ces schémas passés vous gouvernent et vous enferment dans un univers abstrait, auquel vous risquez fort de conférer une espèce de réalité, au détriment d'occasions fécondes, sources d'une évolution légitime sur votre chemin de vie…

Ces réponses avaient en effet du sens dans un contexte ancien, mais elles sont inadaptées à votre présent. C'est l'impression de « connu » qui vous rassure un bref instant, mais vous plonge ensuite au cœur du mal-être.

Vous vous sentez divisé, car une partie de vous-même souscrit aux réponses périmées, tandis qu'une autre vous prévient que, dans un monde qui a changé, il est important d'apporter des solutions novatrices et courageuses !

Voyez la personne célibataire qui se refuse à arpenter à nouveau le chemin du grand amour, pour éviter de souffrir à nouveau, préférant « intellectualiser » son monde sentimental et « choisir » un chemin sécurisant. Elle oublie que la vie est justement… vivante, donc incontrôlable. La seule chose qui puisse l'être se résume à sa réponse, adaptée ou inadaptée, à la situation.

Voyez la femme d'affaires devant la perspective d'un nouvel emploi, d'un nouveau challenge, d'une restructuration… voire les trois à la fois, qui cherche à tout prix à se rassurer en utilisant des recettes passéistes, ou en consacrant sa précieuse énergie créatrice à imaginer les pires scénarios.

Elle hésite par peur de mal choisir, ou alors décide précipitamment et mal à propos sous une quelconque pression…

Voyez l'athlète qui désire plus que tout flirter avec de nouveaux sommets, mais qui utilise des techniques vieillottes, afin de se rassurer sur sa valeur personnelle et son potentiel…

Voyez l'adolescente ou l'adolescent qui se doit de choisir un avenir et qui redoute de se tromper et d'emprunter le mauvais chemin… Leur cœur leur montre avec force une voie, tandis que les adultes « qui savent » leur enjoignent de prendre des décisions « sérieuses »…

Chez tous ces personnages, on distingue un point commun : décider est un acte personnel. Décider est une action vivante. Décider demande du courage, donc de l'autonomie. Personne d'autre que vous ne peut décider, sauf à vous causer regrets, remords et souffrance… Enfin, décider représente le fait même de vivre.

Chacune de vos décisions entraîne des conséquences, qu'il s'agit d'apprécier, puis d'assumer. Derrière chacune d'elles, un fleuve de vie s'offre et vous donne l'occasion de prendre d'autres nouvelles « décisions ».

Plus elles seront éclairées de votre présence et de votre intuition, plus elles posséderont d'authenticité, plus elles créeront de la « valeur ajoutée » en votre vie et autour de vous. Décider consiste à apporter une réponse créative à une situation qui se présente.

Cultivez cet art de « décider » ! Inspirez-vous d'Ilya Prigogine, chimiste belge d'origine russe, scientifique et détenteur du prix Nobel, qui mit en lumière que le cerveau humain est un circuit ouvert vivant en interdépendance continue avec l'extérieur. Plus il reçoit d'énergie, plus il connaît le désordre (phénomène d'entropie) et plus il se trouve bombardé d'énergie… Cela l'oblige, pour survivre, à se reconstruire d'une façon plus complexe. Ce phénomène est à la source de l'évolution, dont la signification est bien de se fondre dans le courant du changement.

Au contraire, un circuit fermé, tel le moteur à vapeur, bénéficie de très peu ou pas d'échanges d'énergie avec l'extérieur et, tout naturellement, il va s'user, puis mourir.

Pratiquez avec virtuosité l'art de « décider de votre vie », en quittant les mémoires anciennes et répétitives, et ouvrez-vous à saisir les opportunités fécondes que vous offre toujours le présent, afin de donner naissance à votre monde nouveau et enthousiasmant. C'est possible, vous en êtes capable et surtout, vous le méritez !

À chacun de choisir…

Pour vous entraîner à devenir virtuose dans l'art de décider, je vous propose d'expérimenter la pratique suivante : dès que vous avez une décision importante à prendre, isolez-vous cinq minutes.

Pensez quelques instants aux choix possibles. Puis, si vous le pouvez, allongez-vous brièvement et expirez profondément trois fois de suite, en vous libérant de toutes réflexions stériles et de craintes infondées.

Maintenant, faites un choix, simplement… Étirez-vous et passez à l'action, ici et maintenant !

« Quand quelqu'un prend une décision, il se plonge en fait dans un courant impétueux qui l'emporte vers une destination qu'il n'a jamais entrevue, même en rêve. »

Paulo Coelho

Il n'était jamais là !

Les belles résolutions du début d'année s'éloignent déjà... Les jours s'égrènent, les semaines s'écoulent, un nouveau mois débute, dans le rythme « habituel », les femmes et les hommes très actifs professionnellement sont maintenant bien relancés vers de nouveaux défis !

L'intensité dans ce domaine augmente, mais avec elle s'accroît parallèlement, et de manière exponentielle, le risque de dégâts collatéraux, qui peuvent à tout instant faire basculer un univers en apparence bien construit vers un bouleversement irrémédiable, qui ne laissera que des regrets amers...

Prenez donc le temps, ici et maintenant, même si vous êtes surchargé, de découvrir les trésors de sagesse et le paradoxe qui émergent de cette confidence reçue récemment d'un ami cher :

« Par amour pour elle, il a sondé les plus profonds des océans, il a traversé les plus vastes déserts, et grimpé les plus hauts sommets... Elle a quand même fini par partir... il n'était jamais là ! »

Qui que nous soyons, animés des plus belles intentions et des plus saines motivations, n'oublions jamais que, même si nos valeurs sont clairement précisées, le danger demeure de s'égarer, en désirant justement trop les respecter... Il est en effet facile, chacun peut s'en rendre compte, de surestimer le bien-fondé de nos engagements, considérés pourtant d'une importance vitale.

En fait, ou vous êtes encore dans la situation de rétablir l'équilibre de votre relation, ou elle est déjà brisée. Dans ce cas, le mieux à faire, et vous êtes prêt maintenant, est d'utiliser les enseignements de cette expérience douloureuse pour donner à votre avenir des bases solides.

Prenez d'abord conscience, c'est crucial, que vous avez à ce jour fait de votre mieux, que la perfection n'existe pas et que vous n'êtes pas un cas isolé, condamné à douter. Bienvenue dans le club : vous êtes humain et vivez ce paradoxe ! Même si les apparences peuvent laisser penser que certains surfent sur les vagues du quotidien, aucun surfeur n'échappe aux grands bouillons, comme aucun n'évite la déprime d'une mer houleuse.

Il vous suffit pourtant d'accepter d'être qui vous êtes, et où vous en êtes, à l'instant présent. Le jugement est la pire des choses, commandé par un ego qui veut toujours avoir raison. Personne ne peut échapper à ces aspects paradoxaux, voire mystérieux, de la vie ; non , personne ne peut se mettre à l'abri du conflit...

Alors, l'Athlète de la Vie commencera par accepter la situation, puis il cultivera un état de vigilance qui permet de sortir de la masse. Il fait tout simplement de son mieux, sachant que les choses vont s'harmoniser d'elles-mêmes, aussi pénible le vécu soit-il.

Pensons à cette formule souveraine de Vince Lombardi, disant que ce qui comptait, « ce n'est pas la façon dont vous avez été renversé, c'est la façon dont vous vous êtes relevé ».

À chacun de choisir...

La plus belle des choses que vous puissiez présenter à la personne importante de votre vie, femme ou homme, c'est vous-même ! Prenez donc soin de vous, tout simplement, afin d'offrir du temps précieux d'échanges fructueux avec l'autre, rayonnant par votre différence.

L'important n'est pas ce que vous faites ou votre apparence physique, mais ce qui émane de vous.

Consacrez dès aujourd'hui, et chaque jour, du temps à vous apaiser, afin de vous offrir (et d'offrir !) le cadeau d'écouter la personne qui partage votre vie, ou un être cher, pour entendre ce qu'elle ou il vit. Vous n'avez pas pour mission de « dépanner » : il s'agit juste d'être là !

« La vraie générosité envers l'avenir consiste
à tout donner au présent. »

ALBERT CAMUS

Aujourd'hui, c'est le premier jour du reste de ma vie !

Le printemps pointe son nez et me donne l'envie d'écrire quelques mots dans l'esprit de cet élan de vie, en découvrant ce magnifique texte et fort précieux conseil de la psychiatre Elisabeth Kübler-Ross, affiché dans la salle d'attente de mon ostéopathe…

« Aujourd'hui, c'est le premier jour du reste de ma vie.
Une phrase qui fait sursauter.
Une phrase qui donne du courage.
J'ai encore du temps devant moi, j'ai encore une chance.
Je peux commencer, débuter d'une nouvelle façon, autrement qu'avant.
Même si j'ai vieilli.
Ce qui était hier ne peut être changé.
Mais aujourd'hui, je peux faire commencer le reste de ma vie !
Combien de fois encore ? Je ne le sais.
Mais aujourd'hui, je le peux.
Aujourd'hui est le premier jour du reste de ma vie !
Aujourd'hui, c'est comme un jour de naissance.
Aujourd'hui, j'ai devant moi l'avenir.
Il ne cesse jamais, mais il commence aujourd'hui.
Qui veut m'accompagner pour le reste de ma vie ?
À partir d'aujourd'hui : peut-être celui-ci, celle-là…
Aujourd'hui, c'est le premier (ou le dernier ?) du reste de ma vie.
Merci Seigneur pour ce nouveau jour ! »

Quelle que soit votre situation, les mots de cette grande dame, qui savait parfaitement ce que signifiait vivre et mourir, ne peuvent que vous inspirer grandement ! (Elle a écrit *Les Derniers Instants de la vie*, soit *On Death and Dying* dans la version originale parue en 1969. Elle s'est intéressée aux expériences de mort imminente.)

Chacun pourra donc prendre le soin de ressentir ce printemps qui lui est offert, au degré dont il éprouvera le besoin. Un point commun à chacun de nos contemporains est cette obsession à se focaliser sur les éléments du passé, en général mal vécus.

Ce phénomène vous met sous l'emprise dévastatrice de la culpabilité, avec le sentiment d'avoir fauté, de n'avoir pas été à la hauteur de tel ou tel événement…

Ressasser ce genre de pensée est complètement stérile, mais pire, cela brouille votre vision des opportunités nouvelles, qui s'offrent pourtant constamment, et empêche l'éclosion de nouvelles expériences, qui ne demandent pourtant qu'à être saisies, si on veut bien s'offrir un printemps nouveau !

Cela peut suivre une défaite sportive enrageante, des revers professionnels injustifiés en dépit d'efforts considérables, une rupture amoureuse, une dette qui sape votre confiance, ou bien sûr un problème de santé qui obscurcit l'avenir…

Une fois de plus, vivre se résume à mourir à notre passé. Facile à écrire et si difficile à pratiquer ! Réussir ne se résumerait-il pas, en fait, à savoir clôturer un paragraphe, un chapitre, un livre… ou un rendez-vous, une journée de labeur, un entraînement, un match, une répétition, un concert, un téléphone, un repas, des vacances ?

Pourquoi s'accrocher avec obstination à ce qui a été et qui illustre votre passé ? Sans doute parce que ce passé est connu, et donc revêt inévitablement des contours rassurants. Une illusion, un mirage bien sûr, qui tend à nous paralyser complètement, un auto-sabotage pervers, car ce qui est passé est mort à tout jamais et ne sera jamais plus.

C'est exclusivement dans le moment présent que l'on peut trouver réconfort et espoir, car là seulement réside la virginité d'une nouvelle expérience, d'un nouvel élan, la possibilité de réussir enfin à cette compétition, de réaliser ce concert, de mener à bien ce dossier, de parvenir à cette élocution, d'entamer cette relation amoureuse, ou de devenir le parent que nous n'avions pas encore réussi à devenir… Oui, tout est possible, ici et maintenant, pour l'Athlète de la Vie que vous êtes et que vous serez toujours !

Aujourd'hui, vous avez la possibilité d'entreprendre un engagement dans la même entreprise, une nouvelle relation sentimentale avec la même personne, une nouvelle compétition malgré un classement compromis, un nouveau métier malgré l'obligation de pratiquer l'ancien pour respecter vos engagements. Vous pourriez vivre une nouvelle abondance financière, même si vous pliez sous le poids des dettes, ou prendre le large, pas pour fuir, mais au contraire pour « bâtir dès aujourd'hui votre monde de demain », comme l'écrivait si brillamment Jean Cocteau.

Aujourd'hui est bien le premier jour du reste de votre vie ! Ceci est une certitude, il suffit d'avoir le courage de plonger au cœur de l'instant, en quittant à tout jamais l'hiver de votre existence…

À chacun de choisir…

Décidez de faire enfin la paix avec vous-même, en faisant aussi la paix avec votre passé !

Vous êtes, ici et maintenant, libre de faire un choix différent pour le reste de votre vie. Ce qui a été est révolu et représente votre pratique, votre propre expérience.

Utilisez-les tout simplement pour renaître à ce printemps de jouvence.

C'est possible, vous en êtes capable et surtout vous le méritez !

« Renaître tous les matins. »

GÉRARD BESSIÈRE

Accepter ce qui est, puis cueillir les opportunités

Votre véritable « travail » au quotidien se résume à prendre soin de votre alignement intérieur, afin d'être calme, disponible et ouvert. Il s'agit d'un état d'esprit à maintenir en veille permanente. Il ne vous viendrait jamais à l'idée de piloter votre voiture ou votre moto sans faire preuve d'une vigilance absolue à l'égard de tout ce qui vous entoure. Un athlète de haut niveau pratiquant un sport de combat se doit d'être totalement présent à l'instant, faute de se retrouver inévitablement à terre. Le musicien en concert doit vivre en permanence ce qu'il joue, sous peine de commettre la fausse note qui gâchera la symphonie.

La vie est à l'état brut et surpasse les concepts intellectuels les plus élaborés. Elle ne connaît que la présence et fait payer comptant tout manquement à ce principe. À l'inverse, si vous êtes dans l'état de vigilance intérieure, elle vous offrira toujours fidèlement les moyens de venir à bout des obstacles et des choix difficiles. Toujours.

C'est une expérience « magique », que j'ai pu vivre encore tout récemment. Se crisper et s'énerver de mésaventures, bien réelles certes, créant davantage encore de chaos, ou se relâcher et voir apparaître comme un cadeau de surprenantes solutions ? Oser surfer sur cette vague, pourtant prête toujours à vous engloutir !

Je me rendais à Paris dans un train à grande vitesse très matinal pour donner une conférence à des entraîneurs à la Fédération Française de Football. J'étais censé arriver à 9 h 29 dans la capitale, avec ensuite une marge de 30 minutes pour me rendre au lieu du rendez-vous.

Après ma routine physiologique matinale, je me sentais bien « centré » et je profitais tranquillement de mon voyage, totalement détendu et heureux du but de ma journée. Soudain, un ennui technique immobilisa le TGV… Le combat commença : ce que j'appelle communément le « saboteur » se pointait déjà de sa voix nasillarde pour dépeindre insidieusement une situation compromise :

C'est foutu, tu n'y arriveras pas, c'est tellement évident ! Pourquoi n'es-tu pas parti hier soir ? Tu es toujours en excès de confiance et c'est comme cela que tu tends le bâton pour te faire battre !… Arrête avec ta spontanéité et tes « inspirations », redeviens un peu plus sérieux, contrôle ta vie !… Évidemment, tu fais la sourde oreille. Alors voilà, tu n'as que ce que tu mérites ! En plus, tu vas oser parler à ces gens de « lâcher-prise », c'est du délire…

Je vous fais grâce du reste, car vous connaissez sans doute vous-même par cœur cette litanie.

Subir ou rebondir ? Le combat avait commencé… Une autre petite voix intérieure se manifestait :

Tu n'as maintenant qu'un seul impératif, te ressaisir ! Chasse la confusion pour y voir clair à nouveau, utilise ton outil imparable, les expirations profondes, libère-toi de cette emprise négative pour voir apparaître les solutions : elles sont d'une simplicité désarmante… Commence par avertir que tu vas être en retard et qu'il faut retarder ton intervention.

Et le TGV repart, avec seulement 10 minutes de retard : une paille ! Puis, le contrôleur passe, offrant la possibilité de réserver un taxi en gare afin de gagner un temps précieux en évitant l'énorme file d'attente… *Magnifique !* Je saisis cette occasion inattendue, j'éprouve un élan de gratitude et je décide, vu le gain de temps ainsi promis, de ne pas téléphoner, m'appuyant sur une certitude intérieure : *Risque, tu vas le faire !*

Immersion à nouveau dans le monde de la sérénité, goûtant pleinement le voyage, heureux en plus d'avoir trouvé une bonne introduction pour ma conférence…

Arrivé en gare, je marche d'un pas énergique et décidé vers le début du quai pour rejoindre ce futur sympathique complice, ce chauffeur de taxi qui allait me mener à bon port dans le temps imparti !…

Je scrute en souriant les différents noms inscrits sur les feuilles blanches des chauffeurs… Le sourire s'efface… le sourire disparaît… mon nom n'est nulle part !

Sans attendre, le « saboteur » se déchaîne : *C'est vraiment n'importe quoi ! Tu rêves ou quoi ? Te voilà bien ramené à la réalité ! Et la réalité, c'est se battre, contrôler, jamais faire confiance, jamais !… Tu penses autrement, mais tu te fais arnaquer… Maintenant, tu paies l'addition et c'est tout ce que tu mérites !*

Je tente alors de résister au nuage noir de la culpabilité… mon instinct d'ancien gardien de but prend le dessus…

Expirations, puissantes expirations, accélérer le pas vers les taxis, ne pas penser, agir totalement présent à l'instant, opportunité, opportunité… la solution arrive, forcément…

Ah oui… et comment, s'il te plaît ?

Puis le saboteur, aux anges, place son ultime uppercut : la file comprend au moins 150 personnes !

C'est foutu ! hurle-t-il rageusement.

Recentrage, EXPIRER, solutions… Métro : le retard sera moindre… ou berner un chauffeur de taxi… Grande tentation, mais ce n'est pas dans mes valeurs…

Au même instant, une main se pose sur mon épaule. Je me retourne et me retrouve en face d'un jeune homme tout sourire :

« Taxi moto, Monsieur ? »

L'enfant en moi crie : *Génial !*

Mais le saboteur tente une dernière ruade :

Tu ne vas pas prendre la moto, c'est hyper-dangereux, surtout à Paris en pleine heure de pointe ! Et avec un inconnu…

Je m'entends dire pourtant :

« Avec grand plaisir. Je vais à la FFF et j'ai une conférence à 10 h 15.

– Vous y serez à 10 h 05 », répond le jeune homme avec un immense sourire. Nous étions déjà en train d'enfourcher le bolide…

Tu vas avoir froid, c'est le matin et ta voix va casser…

Sacré saboteur, va ! Mais déjà nous fonçons dans Paris à toute vitesse, zigzagant avec audace et dextérité entre les innombrables voitures engluées dans le trafic.

« Profitez de la beauté de la capitale en moto. Vous voulez de la musique ? »

Et me revoici dans l'allégresse, au rythme d'une musique énergisante, chantant la joie d'être en vie ! Nous arrivons à 10 h 03 et éclatons de rire : j'ai 12 minutes d'avance ! Je suis regonflé à bloc, heureux, léger, totalement prêt à accomplir ma mission du jour. J'ai en prime un nouvel ami, partenaire de ce succès.

Inévitablement, la Vie me fit un clin d'œil, faisant débuter mon intervention plus tard que prévu… au moyen d'un exposé de présentation plus long que prévu… Et, cerise sur le gâteau, je tenais le sujet de la présente rubrique !

Vous avez pu percevoir, tout au long de cette histoire, combien l'Athlète de la Vie apprend à rester centré en permanence. L'opportunité est TOUJOURS là, de la première à la dernière seconde.

Laissez donc l'Athlète de la Vie que vous êtes s'engager toujours plus intensivement dans la pratique de cet « art martial », celui du Petit Prince qui se voue à apprivoiser son quotidien, plutôt que de s'engager dans une lutte sans espoir pour le contrôle des événements.

Oui, restez « ouverts », réceptifs, car la Vie ne vous propose généralement pas les solutions dans l'emballage sous lequel vous les cherchez !

Agir ou subir, à chacun de choisir…

Quel que soit votre travail, si vous désirez exceller dans sa pratique, recherchez en premier lieu votre état intérieur de vigilance.

Réapprenez à vous poser la « juste » question de la personne proactive : *Comment chasser la confusion pour y voir clair ?* plutôt que de balbutier la question traditionnelle de la victime : *Comment voir clair dans cet état de confusion ?*

Et agissez sur-le-champ sur votre état physiologique, par de profondes expirations, puis bougez, mobilisez votre corps, afin de vous vider de ce stress !

Réaligné, vous sentant bien, vous verrez apparaître les solutions : osez les saisir !

« À quoi bon soulever des montagnes quand il est si simple de passer par-dessus ? »

BORIS VIAN

Vivez-vous la vie de votre voisin ?

Une chose m'a marqué lors du récent Championnat d'Europe UEFA, sur les terrains de football ukrainiens et polonais. J'ai constaté que les quatre équipes qui ont atteint le « dernier carré » ont été celles bénéficiant d'un coaching axé sur les forces et les compétences, collectives et individuelles.

Au contraire, les nations éliminées ont analysé à l'excès ce qu'elles avaient mal fait... Une récente étude réalisée aux États-Unis va dans ce sens. On a demandé aux personnes ce qu'elles auraient fait si elles avaient bénéficié au préalable de leurs expériences vécues : pour concrétiser votre vision et réussir pleinement, travailleriez-vous plus fort sur vos atouts ou passeriez-vous votre temps à diminuer vos maillons faibles ? Or, 72 % ont répondu qu'elles se consacreraient à développer davantage leurs divers talents...

Oui, c'est l'évidence ! Les navires n'ont pas été créés par l'observation des objets qui coulent, mais bien par celle des objets qui flottent...

En cette période de grands chambardements dans tous les domaines, gardons à l'esprit la manière de relever au quotidien les défis qui nous sont lancés. Cela requiert une attitude bien trempée, résolument axée sur ce qui fonctionne, chez un individu, une équipe, une entreprise, une famille ou encore un couple...

Avec la vitesse vertigineuse de ces mutations, nos seules racines sur lesquelles nous ancrer en toute confiance sont nos atouts, talents et compétences, et nous devons tout d'abord en prendre pleine conscience.

Avec une connaissance aiguisée, vous pourrez entreprendre n'importe quel voyage en disposant d'un puissant niveau de confiance intérieure. Avec un bagage obsolète, ou au contraire en voulant le constituer de ce qui vous manque, vous ne pourrez qu'accroître votre mal-être, multiplier les efforts vains et les artifices pour masquer vos incompétences : vous avez emprunté le chemin des désillusions !

L'Athlète de la Vie en vous sait qu'il est son seul véritable adversaire, mais également sa véritable solution ! Deux routes s'offrent à vous à chaque instant, deux visions : l'une vous amène à construire des « possibles » et l'autre fige votre potentiel, votre avenir et votre vitalité.

Voici la confidence récente d'une animatrice à la radio, fort avisée, à l'énergie plutôt exceptionnelle :

« Dans mon expérience personnelle, j'ai pu remarquer que mon *dictateur intérieur* tente de me jeter à terre à tout moment. Mais ce n'est pas parce qu'il me parle avec virulence et comme personne de ma connaissance n'oserait le faire, que je dois le laisser piloter ma vie. J'ai compris qu'il est prépondérant d'entretenir avec moi-même la plus belle des conversations. Et de là jaillissent les plus belles surprises sur mon chemin du quotidien ! »

Je vous invite à être beaucoup plus gentil avec vous-même, dans tous les domaines. Concentrez-vous sur ce que vous faites de bien, sur ce qui produit chez vous une quiétude et un sourire guérissant, sur ce qui vous fait sentir bien ! Nous appelons cela arpenter un chemin qui a du cœur, le seul qui mérite vraiment votre adhésion. Ne faites pas l'amère constatation, que j'ai vécue moi-même d'ailleurs, que vous vivez la vie de votre voisin…

Soyez unique, soyez vous-même et mettez le doigt sur les brillantes compétences que VOUS possédez ! Repérez-les, puis utilisez-les pour aider. Comme le soulignait Alphonse Allais :

« Il ne suffit pas d'avoir du talent. Il faut encore savoir s'en servir. »

Trouver votre chemin qui a du cœur ! Certainement ! Vous remarquerez alors qu'il est plutôt aisé de se doter de ce regard qui construit, qui embellit la vie des autres, qui apporte une différence non négligeable au quotidien. Votre différence ! Elle donnera à votre existence une tout autre dimension.

Faites tout simplement de votre mieux, et vous réaliserez chaque jour de petits progrès ! En sublimant les petites choses, vous ne pourrez qu'exceller dans les plus grandes lorsqu'elles se présenteront. Avec persévérance, mais en vous détachant du résultat, vous bâtirez méticuleusement une grande œuvre, la vôtre, qui vous propulsera, le jour où vous vous y attendrez le moins, sur une vague impressionnante de réussites, selon la formule inspirée de Robin Sharma.

Je terminerai en citant Nicolas, ce champion du monde d'un sport acrobatique dont je parle dans l'un de mes livres :

« Les paillettes, je les ai dans les yeux lorsque je pratique mon sport, que ce soit à l'entraînement ou en compétition ! Je laisse les autres paillettes, le mirage des médailles, aux autres. »

Ironie du sort, les autres étaient derrière lui…

Agir ou subir, à chacun de choisir…

Profitez d'une journée clémente pour vous offrir une trentaine de minutes pieds nus sous un espace ombragé, à vous poser la question essentielle à votre futur équilibre :

Est-ce que j'arpente fièrement un chemin qui a du cœur pour moi ou est-ce que je marche sur le chemin de mon voisin ?

Si votre réponse est la première, passez du temps à rêver de votre avenir, à donner de solides fondations à votre vision. En revanche, si vous vous êtes égaré sur un chemin de traverse qui ne reflète en rien la richesse de vos différences et de vos particularités, d'abord pardonnez-vous, puis demandez-vous sincèrement ce que vous attendez pour changer votre vie, en redevenant qui vous êtes vraiment.

Ensuite, osez rêver d'un nouveau départ avec toute votre chair et votre innocence. Toutes les choses extraordinaires de ce monde ont été réalisées par des personnes ordinaires, qui ont eu l'audace d'être déraisonnables.

« Tout est changement, non pour ne plus être,
mais pour devenir ce qui n'est pas encore. »

Épictète

La vraie victoire de l'Athlète de la Vie

J'écris ces lignes en période d'olympiades, alors que se sont entrecroisées sans cesse des émotions profondes, de profondes jubilations et de cruelles désillusions.

Il me semble donc naturel de consacrer ces propos à l'essence de la véritable victoire, dans tous les domaines. Le sport, qui cultive les valeurs essentielles de l'effort, de l'action et du don total de soi, au-delà de toute tricherie, représente une source féconde d'inspiration.

Certains, critiques invétérés et généralement frustrés, insinuent que trop d'athlètes méprisent des valeurs essentielles, soit en se dopant, soit par leur égocentrisme débordant.

Certes cela est vrai pour une partie d'entre eux, mais je vous propose d'axer résolument notre attention du jour sur l'authenticité et sur les valeurs humaines, qui ont toujours été et qui demeurent les piliers du succès.

Pour entreprendre ce voyage sur les terres où la transpiration et l'enthousiasme convergent, je vous propose de partir sur l'île de La Réunion. Nous y sommes dans un lieu culte, celui d'une des courses de montagne les plus coriaces de la planète, le Grand Raid ou la fameuse Diagonale des Fous ! Écoutez la sagesse profonde des paroles de Kilian Jornet i Burgada, d'origine espagnole, triple champion du monde de course en altitude (*sky running*), multiple champion du monde de ski de montagne (ski sauvage) et triple vainqueur de l'Ultra-Trail du Mont-Blanc (épreuve allongée à 170 km pour éviter des risques de glissement de terrain la dernière fois qu'il y a triomphé, en 2011).

La véritable victoire, ce n'est pas de couper le ruban sur la ligne d'arrivée, ce n'est pas de se voir en première position au classement ou de monter sur la plus haute marche du podium. La victoire, la vraie, c'est celle que l'on trouve au plus profond de nous-mêmes.

C'est celle que nous pensons ne pas pouvoir atteindre, malgré la préparation et la volonté, et qui finit par se produire. C'est comme si [une voix] dans notre inconscient nous [répétait] sans arrêt que c'est impossible, que c'est trop beau, trop grand, trop incroyable pour être vrai. Que ce que nous voulons atteindre, c'est un simple rêve. En traversant la ligne d'arrivée, lorsque tu regardes en arrière et que tu vois que c'est vrai, que tu es fait de chair et d'os, et que ce qui te semblait possible uniquement en rêve est devenu réalité, tu réalises que c'est cela, la vraie victoire[4].

Quelle belle réflexion de ce jeune athlète à la maturité exceptionnelle ! Voici un véritable Athlète de la Vie, qui pratique sa vie à chaque instant en lieu et place de la sacrifier à son métier, dans la conquête d'une éphémère victoire « extérieure ».

Bien qu'il détienne plusieurs records d'ascension, la véritable couleur de sa médaille est en effet celle du Cœur. Combien de fois d'ailleurs ai-je pu faire cet étonnant constat, que les médailles et les titres débarquent tout naturellement chez ceux qui cultivent avant tout la vraie victoire, celle sur eux-mêmes ?

Vous êtes également des Athlètes de la Vie ! À chaque instant, vous avez la possibilité d'aller bien au-delà du sportif qui rêve, et qui vit son rêve éveillé, qui vit sa vie à chaque instant. Les mots de Kilian ci-dessus résonnent en écho de ceux de Nicolas, qui affirme « posséder les paillettes » lorsqu'il pratique son sport au quotidien, alors qu'on le désigne plutôt comme « le multiple champion du monde d'un sport acrobatique »...

Laissez les paillettes de l'apparence à ceux qui les courtisent et plongez de tout votre cœur, de toute votre âme et de toute votre chair, dans la plus belle des conquêtes, celle de vous-même ! Découvrez que votre seul adversaire, au jour le jour, c'est vous... Oui, c'est bien vous qui posez vos propres limites et en restez prisonnier... Or, les limites

---

4. Extrait du livre de Kilian Jornet, *Courir ou mourir : Le journal d'un sky-runner* paru aux éditions Outdoor (2013, 180 p.).

sont là pour être repoussées, toujours ; la vie se résume à accepter l'évolution. Sans elle, tout stagne, s'effrite, se rétrécit, puis meurt…

Je vous propose de vous aventurer dorénavant avec toute votre fougue et votre courage dans l'escalade vivifiante de votre montagne intérieure. C'est dans la recherche et l'exploration de ces « cimes intérieures », avec une passion sereine, que votre quotidien vous fera goûter une saveur toute particulière, celle de vivre votre rêve et d'en ressentir une saine fierté. Ignorez les personnes critiques ou railleuses, ne perdez surtout pas votre énergie à essayer de justifier votre choix !

Tout au contraire, réinvestissez-la en vous-même en engageant tout de suite une action, qui vous rapprochera un peu plus de la matérialisation de votre défi.

Sachez que vous n'êtes jamais seul sur ce chemin le moins fréquenté et que, proches ou lointaines, bien d'autres personnes assument leurs choix et font fi des gens frustrés, malheureux sans doute et probablement déjà en déliquescence…

Inspirez-vous largement de ces lumineuses paroles de Victor Hugo :

« Vous voyez l'ombre et moi je contemple les astres. Chacun a sa façon de regarder la nuit. »

Que votre innocence retrouvée soit le moteur de vos efforts ! Agissez dans la direction de votre rêve, tout de suite, sinon certainement jamais ! Laissez les excuses au vestiaire et retrouvez l'éclat unique de votre regard, de celle ou celui qui sculpte, pas après pas, sa légende personnelle, pour le simple but, la mission, de vivre son rêve !

Agir ou subir, à chacun de choisir…

Quel que soit votre rêve, consacrez-vous à lui offrir le meilleur de vous-même ! Et le meilleur de vous-même se résume à agir jour après jour, porté par l'espérance d'atteindre un beau matin le sommet cher à votre cœur, malgré la voix récurrente de votre « saboteur », qui vous exhorte à abandonner, à redevenir « réaliste », « adulte »…

Mais ne perdez pas non plus votre énergie à vouloir museler cette voix, investissez-la de façon largement plus efficace, dans le but d'amplifier l'étincelle au fond de votre regard ! C'est celle de la véritable championne ou du véritable champion que vous êtes, celle ou celui qui exulte dans la pratique de l'activité qu'elle ou il aime plus que tout, même si la souffrance, la fatigue et la désillusion font partie intégrante de l'expédition. Car, au bout du compte, ce sont elles qui vont catalyser la saveur finale de cette conquête de vous-même, car vous aurez su reculer vos limites !

« C'est à l'âge de 10 ans que j'ai gagné mon premier Wimbledon, pour la première fois… dans ma tête. »

Andre Agassi

Ce n'est pas une montagne, mais un caillou !

Au cœur de votre quotidien harmonieux, apparaissent soudain des moments lors desquels tout semble se liguer tout à coup contre vous. Je viens précisément d'expérimenter un exemple de ce genre de situation fâcheuse, que je veux partager avec vous aujourd'hui, afin de vous suggérer une alternative à l'habituelle plongée dans les tourbillons de la vague négative…

Au contraire, pourquoi ne pas franchir un pas audacieux, celui d'interpréter ces situations apparemment obscures comme des occasions parfaites de tester votre confiance et votre maîtrise personnelle, afin de rebondir plus rapidement ?

Ce qui est… est. Y résister amplifie un courant que nous tendons à qualifier de « négatif ». Or, il est essentiel de prendre conscience du fait que le côté « négatif » ou positif d'une situation ne dépend que du regard que vous portez sur elle.

Tout est en effet matière à grandir et à vous rapprocher de votre destination. Et certaines périodes de l'existence exigent d'arpenter des chemins de traverse très éloignés en apparence des voies rapides que vous préféreriez arpenter chaque jour.

Ainsi, baignant dans la quiétude bienfaisante d'un soir de vacances estivales, je vivais la sérénité de ces instants, en compagnie de mes deux jeunes enfants pétillants de vie, rieurs et insouciants, dans les rues éclairées du magnifique village de Gordes, où je réside.

Après avoir rejoint notre voiture, lorsque j'attachais la ceinture de sécurité de ma fille, j'entendis les hurlements de mon petit garçon qui venait de se prendre les doigts entre la portière et la voiture voisine et avait la main tout ensanglantée.

Nous nous retrouvâmes donc au service des urgences de l'hôpital de Cavaillon, à cette heure avancée, avec ma petite fille qui, très calme, répétait « C'est pas grave, rien n'est grave, tout va bien ! » pendant que j'évacuais mon stress de façon intensive, afin de me rassurer, donc d'être rassurant…

D'abord, je fus surpris très agréablement par l'accueil extraordinaire que nous réserva le personnel soignant ! Puis, tout s'enchaîna harmonieusement et très rapidement, avec une touche humaine constante alliée à une intervention remarquable.

Nous repartîmes tous trois fatigués, mais le sourire aux lèvres, mon garçon avec quelques points de suture et une grande fierté d'avoir été le héros de l'hôpital, et sa sœur jouant en chantant avec le joli ballon reçu d'une souriante infirmière…

Le surlendemain, à l'hôtel helvétique que j'avais regagné pour intervenir chez l'un de mes clients, mon écran de téléphone mobile s'éteint soudain, définitivement…

Quelle gêne de ne pas pouvoir utiliser cet outil de travail, et quelle désolation lorsque, en deux endroits, les collaborateurs de mon fournisseur émettent un avis catégorique : « Votre téléphone est hors d'usage, l'écran est abîmé ; si vous n'avez pas enregistré vos données, il sera impossible de les récupérer ! » Constat désolant pour un appareil si récent qui n'a même pas subi de choc…

Une seule solution m'est proposée : en racheter un neuf, car une réparation serait trop coûteuse… La perte de précieuses données ne m'enchantait guère…

Quittant la boutique de mon opérateur, toujours en expirant afin de me recentrer, je passe devant une autre boutique dans laquelle je sens qu'il me faut entrer. Je me dirige droit vers un jeune vendeur, dont le regard brille de cette fameuse étincelle ! Il écoute chaleureusement ma mésaventure, puis ausculte mon téléphone. Il m'informe que je peux acheter le même appareil pour 200 francs de moins, ce qui est déjà un progrès, mais il enchaîne en me disant qu'il connaît une boutique, dans laquelle un technicien doué pourra probablement récupérer mes données, voire réparer l'appareil.

J'y trouve un autre jeune homme, tout aussi jovial et serviable, qui me confirme que, deux jours plus tard, mon téléphone sera comme neuf, avec sa mémoire intacte, le tout pour une somme dérisoire...

Ceci remet en évidence une constatation criante : il y a celles et ceux qui s'investissent totalement dans leur travail, empreints de cette envie viscérale d'aider, et les autres, portés par la seule envie d'être ailleurs, ou motivés seulement par leur intérêt personnel ou celui de leur boutique.

Peu importe la gravité des événements désagréables que vous vivez, il vous est toujours possible de modifier votre attitude et d'embellir les circonstances, dès que vous le choisissez et décidez de porter un regard optimiste sur ce qui vient de se dérouler, et de ne pas envisager ses conséquences sous l'angle le plus noir...

Oui, des plus infimes désagréments relatés ci-dessus aux plus graves, soit un conjoint qui vous quitte ou le décès d'un proche en santé, deux routes s'offrent toujours à vous : refuser ce qui vient de se passer, figer votre présent et hypothéquer lourdement votre devenir, ou bien assumer votre souffrance et votre désarroi, afin de le transmuer en une force de vie toujours plus grande !

Chacun d'entre nous arpente un chemin sur lequel la vie ramène à sa juste place notre ego, quelquefois par des virages serrés, pour nous faire accéder à une version plus authentique, plus humaine et plus noble de nous-mêmes.

Comme tout art, pour remplacer le simple savoir par une maîtrise plus grande et l'excellence, vous vous devez de « pratiquer ». La vie est un art, donc la vie se pratique, un jour à la fois, un instant après l'autre.

Connaître ne suffit pas. Si souvent vous « savez » ce qu'il faut faire, pour votre santé, votre poste de travail, votre couple ou vos finances... l'important ne se trouve pas là : il réside dans une constante absolue : la nécessité de pratiquer, en tout domaine, tout de suite ou jamais...

Servez-vous donc des petites spirales négatives qui vous emportent quelquefois au quotidien, pour apprendre à surfer sur les vagues de l'adversité, avec un doux sourire aux lèvres, conscient que tout concourt à votre évolution et à votre bien-être en devenir.

Le seul moyen d'être bien demain, c'est déjà de cultiver le bien-être ici et maintenant, en considérant votre vie comme une aventure. Vous en êtes le héros ! Ayez foi en votre étoile et surfez sur les vagues du quotidien, quelles que soient leurs couleurs du moment. C'est possible, et vous en êtes capable !

Agir ou subir, à chacun de choisir…

Lorsque les événements désagréables de votre quotidien vous bousculent, osez franchir un palier dans votre positionnement.

Quittez définitivement le statut de victime pour tester à l'inverse votre manière de savoir vous élever au-dessus de ces tracas. Utilisez-les pour renforcer votre confiance en vous-même et votre foi en un dénouement positif.

Pour cela, dans un premier temps, ramenez le calme en votre corps par des expirations profondes, tout en redressant votre posture et en élevant votre regard.

Chassez la confusion qui vous assaille et vous verrez clair, porté alors par votre intuition. Lorsque tout va mal, souvenez-vous toujours que le but n'est pas de tenter de voir clair, mais bien de chasser l'état de confusion, ce qui clarifiera votre vision.

« La chance, c'est quand une occasion se présente et que tu es prêt à la recevoir. »

Denzel Washington

Un + un = trois !

Notre quotidien ressemble de plus en plus à un immense échiquier, sur lequel la plupart de nos points de repère volent en éclats, nous laissant souvent en proie à un désarroi profond.

En effet, devant une gigantesque transformation sociale, beaucoup tentent de répondre aux nouveaux défis en forçant sur les « recettes » éprouvées. Le problème est qu'elles sont devenues obsolètes en un temps record et qu'elles ne fonctionnent plus. Bien pire, ici et maintenant, elles font courir au désastre…

Lancés à vive allure dans cette course vertigineuse qui touche tous les secteurs d'activité, aussi bien notre équilibre physique et mental que nos relations de famille, de travail et nos liens sociaux, nous cherchons tant bien que mal à jongler avec nos obligations, avec l'appréhension croissante de ne pas y parvenir et, surtout, en trouvant de moins en moins de sens à tout cela…

Votre emploi, en particulier, vous place aujourd'hui dans des situations de plus en plus complexes, tandis que le rythme s'accélère et que le niveau d'exigence semble vouloir augmenter indéfiniment.

Alors, nous devons nous investir encore et encore, notre résistance est soumise à très rude épreuve, tandis que nous nous rendons compte que tout cela ne nous permet que de « survivre »… Cela génère un sentiment d'asphyxie, car le manque de temps s'accompagne de l'insuffisance, apparemment du moins, des moyens et des ressources.

Bienvenue à chacune et chacun au club contemporain du « toujours plus en toujours moins de temps, pour une reconnaissance en voie de disparition ».

Au cœur de ce marasme général, se fait jour une mutation radicale. En effet, après l'individualisme érigé en dogme par notre société, voici que la seule position viable et durable se révèle être celle du travail en équipe.

Elle seule peut en effet résoudre l'équation définie par les paramètres ci-dessus : complexité, rythme, niveau d'exigence. Non, le collaborateur seul ne peut plus trouver la solution, car il manque de temps, de compétences techniques, précises et sociales…

Par contre, une équipe le peut, grâce à une somme de particularités, d'expériences de vie et de compétences. Elle devient donc l'élément fondateur du fonctionnement du monde de l'entreprise contemporaine.

Voilà donc le pourquoi de cette provocante addition : « un + un = trois » ! Dans la réalité, nous pouvons parfaitement observer, et cela ressort très nettement de mon expérience, que nous sommes encore bien loin de ce résultat. Au mieux, nous arrivons à 1,5, mais parfois il frise le 0, si ce n'est pire…

Prenez-en pour preuve l'explosion, en entreprise, des formations du type « gestion de conflits ». Ainsi, on a pourtant tout faux, car on fait du gestionnaire un pompier qui doit s'acharner au feu et combattre les différends qui minent ses collaborateurs.

Au contraire, il est devenu impératif d'en faire un bâtisseur de succès, en le formant à comprendre, à communiquer, à enraciner en lui ces fameuses « compétences sociales », ciment de la performance et de la réussite de demain.

D'un côté, le management peut consister à concevoir le travail en équipe comme une source de plus-value ; d'un autre côté, il peut être considéré, au mieux, comme un outil de régulation. Voici la façon dont le résume un jeune directeur des ressources humaines, issu de la génération Y (gens nés entre 1980 et 1995) :

Sans travailler sur l'équipe, nous restons au niveau individuel, donc 1 = 1, ce qui peut paraître très bien. En revanche, dès que nous amplifions le travail en équipe, on arrive rapidement à 1 + 1 = 2, voire 2,5, et pourquoi pas dès lors 3, 4, etc. ?

Le manager dispose en fait de deux axes d'optimisation : coacher l'individu et être accompagnateur du collectif. Travailler sur l'individu est bien, mais ce n'est qu'une partie des relations, celle de l'individu avec lui-même.

Travailler sur l'équipe représente un autre défi et une construction à part entière, qui mettra en avant les relations avec l'autre, avec le groupe et finalement avec une saine autorité. Le but est de permettre à chacun d'apporter la richesse de ses différences et de son vécu.

Il est prépondérant de créer des espaces permettant aux participants de négocier et d'établir entre eux, en construisant leur équipe, leurs futures façons de travailler. Ils prendront ainsi conscience de leurs richesses réciproques, chacun s'engageant à mettre les siennes propres au service des autres. Ceci créera une cohésion extrêmement forte et durable, basée sur l'élaboration en commun d'outils pour agir ensemble.

De plus, il est important de tenir compte de l'intégration de cette fameuse génération Y, dotée d'une vision totalement différente, tout droit issue du développement exponentiel d'Internet, cet univers où tout semble possible, accessible à l'instant même, et procure une satisfaction immédiate.

Le défi devient donc de savoir utiliser de façon optimale la richesse des différences de ces jeunes et de les amplifier au contact d'autres générations, dont les valeurs peuvent être diamétralement opposées. Ce challenge particulièrement excitant se présente à chaque entreprise, chaque équipe, chaque famille…

Ces jeunes sont des coureurs de sprint, aptes à des rushes de 4 x 25 m, mais pas à des courses de 100 m. Ils ont besoin de défis à court terme, six mois par exemple, et leur proposer des marathons sera inopérant. Ils y gaspilleront leur énergie, pour un résultat décevant et frustrant. Utilisons et fusionnons ces richesses abondantes, entre les générations, au sein d'une équipe ! Elles peuvent sembler incompatibles au premier abord, ce qui déstabilise fortement. Pourtant, elles recèlent la clé de l'évolution de notre société !

Osez vous orienter sur le chemin du « faire moins, pour accomplir plus », impliquant de s'ouvrir aux richesses qu'offrent les autres. Pour que cette vision fonctionne, il est essentiel de cultiver une condition indispensable : la confiance !

Celle-ci passe par l'authenticité et par une communication optimale, donc forcément claire. Là où règne la transparence, règne la confiance, et alors, tout devient possible, toujours et partout.

Enfin, n'oubliez jamais que le besoin le plus grand de l'être humain est de se sentir utile aux autres ! Faites de votre travail une valeur ajoutée, dont vous ferez bénéficier les autres en général.

Agir ou subir, à chacun de choisir…

Que ce soit au sein de votre équipe de travail, dans votre famille ou dans une activité bénévole, prenez conscience de l'importance de travailler « ensemble » ! À cette fin, il convient de privilégier la communication entre tous, qui seule pourra donner naissance à la clarté, donc à une confiance réciproque.

Pour cela, apprenez à écouter, à échanger, à partager, à négocier, à choisir et à décider tous ensemble ! Pourquoi ne pas prendre le temps de clarifier le cadre de vos interactions avec les autres en établissant des règles de vie commune, une charte ou encore un manuel de délégation ?

Posez le cadre tous ensemble, puis prenez le temps de nourrir la qualité relationnelle de l'équipe, par des rencontres régulières et respectueuses de cette entente collective.

« *Une équipe de France de natation,*
c'est un don de joie sans rien attendre en retour.
La force de cette équipe découle de l'atmosphère
saine et radieuse qu'elle génère. »

YANNICK AGNEL

Joy... tout est possible !

Lors d'une période de dédicaces d'un de mes livres, *Sentez-vous bien !*, je repensais avec affection à Joy, cette petite Australienne étonnante, rencontrée par hasard, un beau jour de 1995, bien loin d'imaginer qu'elle allait changer ma vie !

À la suite de ma carrière de gardien de but au football en Europe, j'évoluais dans le monde de la prévention de la santé, et je voyageais énormément de par le monde, visitant les grandes capitales pour enseigner dans mon domaine, le fitness et le wellness. Transmettre et découvrir étaient mon credo.

C'est ainsi qu'à Adélaïde, éreinté et suant au terme d'un cours, dans une gigantesque salle d'entraînement, je fus sorti soudain de ma rêverie par une petite voix sonore et chantante, qui me posait la question :

« C'est quoi ton rêve ?

– Écrire des livres pour ceux qui, comme moi, ont mal... avouai-je

– Alors, fais-le !

– Tu en as de bonnes, toi, rétorquai-je en riant.

– Moi, quand je veux quelque chose, eh bien, je le fais avec mon cœur...

– Mais... c'est plus compliqué que cela, insistai-je, un peu ébranlé.

– C'est ta tête qui est compliquée, écoute ton cœur. Lui, il sait comment écrire un livre, je t'assure ! répliqua-t-elle avec un immense sourire.

– C'est bon…

– Qu'est-ce que tu fais quand tu veux te brosser les dents ? demanda Joy.

– Eh bien, c'est simple, je prends ma brosse à dents, j'y mets du dentifrice, et je commence à me brosser les dents.

– Alors, assieds-toi tranquillement sur une chaise, tout seul. Prends un crayon que tu aimes, un carnet de papier joli, et commence à écrire. Vous êtes compliqués, vous les adultes ! En plus, n'est-ce pas ce que tu as dit aux personnes qui doutaient de leurs capacités de suivre ton cours, tout à l'heure ?

Le doute, c'est le copain garnement de ta tête. Choisis le plaisir, c'est le meilleur ami de ton cœur et tu le sais, je te le dis… »

Elle éclata d'un rire que seul l'enfant connaît.

« Et tu ne pourras dévoiler notre secret qu'à une seule condition : quand tu écriras ton deuxième livre, d'accord ?

– Mais… pourquoi le deuxième ?

– Parce qu'après la publication du premier, ta tête, déjà satisfaite de cette réalisation, pourrait vouloir t'empêcher d'écrire le deuxième… »

Vingt années se sont écoulées depuis… et huit livres sont nés ! Voilà pourquoi je tiens à dédier le présent ouvrage à l'enfant Joy, devenue femme aujourd'hui, ainsi qu'à vous tous, qui possédez, au cœur de votre cœur, des projets, des rêves qui peuvent sembler fous, irréalistes… Tout est possible dans le domaine de l'action !

Bien trop souvent, nous « tuons notre rêve » dans des réflexions stériles qui visent, preuves à l'appui, à nous prouver que le chemin pour le concrétiser est aventureux et même impossible. Encore davantage aujourd'hui, avec le bouleversement social et économique qui nous éprouve.

Lorsque j'étais adolescent, il était risqué, voire très inconvenant, de vouloir devenir chanteur d'opéra, footballeur professionnel, comédien, sculpteur, de prétendre à créer sa propre entreprise, petite ou grande… tout comme de vouloir découvrir le monde, en aventurier ou en compagnon, ou encore de bâtir sa propre maison…

Il fallait, prétendait-on, revenir les pieds sur terre et choisir un emploi stable et sûr. Aujourd'hui, nous savons parfaitement que rien n'est sûr et que le risque est omniprésent.

Et dès lors que le risque représente l'essence même de la vie, pourquoi ne pas le vivre pleinement, en vouant votre quotidien, cœur et âme, à une activité qui a du SENS pour vous ?

Alors peignez, sculptez, dansez, chantez, voyagez, enseignez, découvrez, inventez, courez le marathon, construisez votre maison vous-même, déclarez votre flamme à l'Amour de votre vie !

Repartez de zéro si le cœur vous le chante, OSEZ ÊTRE et donnez alors naissance, naturellement, à une version plus élevée de ce que vous étiez.

Défrichez vos rêves d'enfance et d'adolescence, replacez-les en pleine lumière ; ce sont les seuls qui peuvent offrir à votre vie des années et de la qualité !

Le voyage est permanent, alors pourquoi ne pas le consacrer à développer vos différences et à faire une véritable différence dans la vie des autres ? Seule une attitude passionnée et totalement vouée à votre vision peut vous offrir la chance de grandir quotidiennement et d'atteindre, au moment le plus inattendu, le Graal de votre existence.

Inspirez-vous de la sagesse éternelle de la petite Joy, pour vous poser LA question de votre vie : *Quel est mon rêve ?* Ou, plus communément, comme le dit Jean-Pierre Darroussin dans le film *Le Cœur des hommes* :

« Qu'est-ce que vous feriez si vous étiez moins c… ? »

Faites taire votre ego et mettez-vous à l'écoute intense de votre intimité ! Elle seule sait mieux que quiconque ce qu'il est impératif de faire pour modifier positivement le cours de votre vie et de celle de vos proches.

Adonnez-vous régulièrement à cette introspection, ayez l'audace de plonger au cœur de vous-même avec la légèreté et la facilité d'un enfant !

Quittez l'autoroute des « obligations », qui accablent votre quotidien, et surtout représentent la plus belle excuse pour ne pas tenter de vivre quelque chose de nouveau. Ce qui a été avait sa propre raison d'être, mais chaque matin vous propose une seule mission, perpétuellement : continuer d'avancer ! Alors, franchissez le pas, avancez en direction de vos espoirs ! Cela vous dévoilera un horizon différent, même s'il se trouve encore dans un épais brouillard…

Sachez déjà que votre premier, et plus coriace, adversaire sera vous-même, avec son flot incessant d'habitudes qui tuent le mouvement tout en ancrant la certitude que vous n'y arriverez pas. Figé dans ce mode de pensées, vous ouvrez la porte à une multitude d'informations, de visions, de déclarations, de « conseils », dont le but est de vous convaincre que la réalité est bien ce dans quoi vous baignez jour après jour.

Alors, ne laissez plus cette « réalité » s'imposer et vous dominer. Imaginez librement les scénarios qui mettent en scène vos désirs ! Créez VOTRE réalité, en fonction de la vision claire qui s'anime dans votre esprit redevenu créatif ! C'est le seul moyen de modifier votre contexte et de ne pas recréer, et même renforcer, ce qui existe déjà et qui vous frustre et vous désole…

Il faut le croire pour le voir ! Voilà l'adage absolument extraordinaire et « magique » qu'ont adopté toutes les personnes ayant décidé, envers et contre tout, de bâtir un monde différent.

En conclusion, souvenez-vous qu'il est capital de ne plus gaspiller d'énergie à convaincre. Laissez penser librement les personnes qui n'entreprennent pas et ne croient pas en vous, voire qui vous considèrent comme un illuminé… Non, s'il vous plaît, consacrez-vous complètement à la maîtrise de ce qui se passe dans votre propre tête ! Comme le dirait Joy, il y a déjà bien assez de labeur à cet endroit…

Soyez cet irresponsable, cet irréaliste, ce doux rêveur… et pendant que les autres le pensent, tracez votre chemin, le sourire aux lèvres, les cheveux au vent des surprises délicieuses de la vie…

Agir ou subir, à chacun de choisir…

Prenez un peu de temps pour… hiberner, loin de votre « réalité » quotidienne… Offrez-vous un espace de temps seul, afin de vous poser LA question : *C'est quoi, mon rêve ?* ou celle, plus crue, de Jean-Pierre Darroussin…

Et ayez l'audace d'y répondre, puis agissez pour ce qui a dorénavant du sens pour vous !

« Voici la morale parfaite : vivre chaque jour
comme si c'était le dernier ; ne pas s'agiter, ne pas sommeiller,
ne pas faire semblant. »

Marc Aurèle

Soyez le roi de votre royaume !

Combien de fois vous sentez-vous une victime impuissante de situations stressantes et désagréables qui vous tombent dessus, alors que votre quotidien est déjà saturé ? Celles-ci vous vident de votre précieuse énergie vitale, nuisant à votre capacité de réflexion claire et, au bout du compte, elles amplifient votre état de mal-être. Vous êtes en fait entré de plain-pied dans le territoire, bien peu fréquentable, du subir.

Un seul élément, constructif en apparence, semble habiter cet état : le fait de vous sentir « comme à la maison ». Car pour désagréable qu'il soit, cet univers est connu. Il y est coutumier de « réagir » afin de lutter contre le flux de ces situations harcelantes et déstabilisantes.

Oui, vous détestez ce ressenti désagréable, consistant à subir votre existence, mais en même temps, cette façon d'être se révèle rassurante. Ce terrain est certes totalement « réactif », mais il est devenu une norme très largement observée…

Oui, il se trouve, même si votre raison trouvera cela absurde, que ce sentiment de ne pas vous sentir isolé dans ce monde où l'on affronte en permanence l'adversité peut apporter, même de façon temporaire, un certain réconfort…

En tant qu'Athlète de la Vie, prenez bien conscience qu'une grande majorité de gens évolue, du matin au soir, selon ce mode de pilotage émotionnel automatique. Ils agissent en réaction à ce qui se déroule à l'instant présent, trompés par l'illusion persistante qu'on doive combattre ces situations désagréables. En fait, ils n'ont tout simplement pas l'expérience d'une pratique différente.

L'illusion qui les emprisonne leur masque une réalité totalement paradoxale : ce sont leurs propres états émotionnels qui causent ce qui leur arrive !

Je vous fais part avec plaisir de ces mots éclairés et révélateurs d'une femme paisible et rayonnante, croisée sur un chemin automnal. Les yeux pétillants de jouvence, le corps svelte et souple, le sourire engagé… tout en elle exhalait une divine harmonie :

Tu as en fait une seule chose à modifier dans le chaos de ton quotidien, et ce n'est ni ta situation financière, ni ton état de santé, ni tes relations amoureuses, professionnelles ou amicales… Ce que tu dois développer et t'approprier, c'est la capacité incomparablement féconde de te sentir bien.

Pour cela, utilise ton vrai pouvoir, règne avant tout sur ton propre royaume ; sache transformer tout état désagréable en une saine orientation de ta manière de penser, de te parler à toi-même, de bouger et de respirer, quoi qu'il advienne !

Sois libéré des situations, agis où tu es roi, travaille assidûment sur toi-même ! Laisse aux autres ces vains « combats » autodestructeurs, et consacre-toi uniquement à retrouver ton calme intérieur ! Le reste suivra, tout naturellement, toujours : c'est une loi universelle. En changeant ton ressenti, tout ce qui t'entoure se modifiera également, car tu vibreras à une tout autre fréquence, celle du bien-être.

Avec elle, tout devient alors possible, où que tu sois ! dit-elle en souriant avant de poursuivre sa balade.

Votre véritable pouvoir sur ce qui vous environne réside effectivement dans cette maîtrise. Au lieu de vous morfondre à chercher en vain des solutions à vos « problèmes », dans une confusion croissante, chassez cet état de mal-être révélé par votre corps, et vous verrez alors « clair ». La ou les solutions se dévoileront alors à vous sans fard.

N'oubliez jamais que vos émotions, vos sentiments, sont à votre service et non le contraire…

Il n'existe pas d'émotions « positives » ou « négatives » en elles-mêmes. Vous ressentez en revanche des états émotionnels agréables ou désagréables. Vous possédez un véritable « GPS émotionnel » ! Lorsque vous êtes sous l'emprise d'un mal-être, celui-ci vous indique tout simplement que vous êtes en train de vous égarer… Écoutez cette sagesse viscérale et retrouvez la plénitude, qui vous remettra progressivement dans la juste direction, celle de l'harmonie.

Et lorsque celle-ci vibre, les solutions et les opportunités la suivent fidèlement, comme par enchantement.

Agir ou subir, à chacun de choisir…

Soyez le « roi » de votre royaume, sentez-vous bien, tout simplement, et le meilleur suivra, immanquablement ! Exercez-vous quotidiennement à pratiquer l'art martial émotionnel de l'Athlète de la Vie.

Pour ceci, rappelez-vous nos « trois questions-actions » vues plus haut. Ce sont trois questions vraiment « vitales », essentielles, en tout contexte :

- Est-ce que je me sens détendu ?
- Est-ce que j'expire profondément ?
- Est-ce que je m'exprime délicatement et est-ce que je bouge avec élégance ?

Quelles que soient vos réponses, ne subissez pas, agissez immédiatement :

- contractez vigoureusement votre musculature, puis relâchez-la subitement ;
- étirez-vous ;
- expirez profondément trois fois de suite.

Ralentissez le débit de vos paroles en instaurant l'élégance dans votre manière de bouger…

Soyez le plus écologique possible…

Le reste suivra.

« *Un changement de ressenti est un changement de destinée.* »

NEVILLE GODDARD

Chérissez vos instants, aucun n'est ordinaire !

Pourquoi ne pas poser vos pieds sur un chemin véritablement neuf, vivifiant et totalement sécurisé ? Nous entamons certes un Nouvel An dans un esprit débordant de prétendues « bonnes » résolutions, qui promettent une embellie totale de notre vie, personnelle, physique, amoureuse, professionnelle, financière, sociale…

Ces fameux objectifs destinés, comme la cigogne, à nous procurer une vie pleinement épanouie une fois qu'ils seront atteints, impliquent de dépenser une énergie énorme, car nous allons devoir « vaincre » l'inertie qui nous est propre. Il va nous falloir une volonté à toute épreuve. Nous allons faire preuve, enfin, de DISCIPLINE !

Certes, sauf que… Examinons un paradoxe par le biais de ces propos révélateurs :

Chacun désire prendre en charge sa vie et décide de s'emprisonner dans de multiples engagements pour enfin modifier le scénario bousculé et stressant de sa vie… Tel est le vrai bal de la Saint-Sylvestre : les premiers mensonges d'une année encore immaculée !

Comment en effet vouloir apporter de la vie à ses années en plaçant toute sa confiance en cette sacro-sainte volonté ? Je me sens frustré par ce que je vis, je décide donc de le changer en revêtant l'uniforme de la discipline, de l'effort, voire de la punition…

Pour sortir de l'abîme de la frustration et redorer son blason d'espoir et de ravissement, il suffit de cesser la mascarade d'une vie qui consisterait à obtenir toujours plus, pour enfin se sentir bien dans sa peau…

J'ai perdu ma vie à tenter de donner vie à mes bonnes résolutions de début d'année ; la seule chose que j'ai obtenue se résume à une frustration grandissante et un épuisement fatal. Aujourd'hui, au crépuscule de mon existence, j'entreprends enfin ma vraie vie ; je chéris cet instant, puis le suivant et encore le suivant ; je retrouve ma pleine conscience d'être vivant que je possédais naturellement lorsque je n'étais qu'un simple enfant en culotte courte, hilare, coquin et gravissant chaque jour mes montagnes intérieures…

Oui, chacune et chacun, nous avons déjà abondamment parcouru ces boulevards aguichants, alléchants, débordants de paquets-cadeaux, que mettent en vitrine nos bonnes résolutions. Mais nous ne sommes pas allés loin… nous n'avons pas tardé à courir d'un étal à l'autre, à nous égarer, sans jamais pouvoir acquérir quelque chose de concret.

La frustration est montée en nous, puis la déception, enfin la dévalorisation de nous-mêmes… Au bout du compte, notre seul résultat aura été de nous culpabiliser un peu plus encore, parce que nous n'avons pas été à la hauteur, nous avons échoué et nous sommes encore descendus dans l'échelle de notre estime personnelle.

Alors, dès cet instant, je vous souhaite de laisser tomber le masque des illusions. À trop vouloir réussir votre vie, vous oubliez bien trop souvent de la « vivre » ! À trop vouloir corriger vos imperfections, sans oublier celles des autres et de tout ce qui vous environne, vous ne pouvez que ressentir que ce que vous « êtes » ne suffit pas, qu'il vous faut « devenir quelqu'un », c'est-à-dire « quelqu'un d'autre » afin de récolter à votre tour (car c'est bien votre tour, n'est-ce pas ?) les fruits mûrs de la vie quotidienne.

Or, vous le comprenez bien, cette route est sans issue. Elle ressemble à un vieux microsillon qui répétera à l'infini ce qui est gravé dessus. Alors, cessez de vouloir « changer de disque » et de rechercher perpétuellement celui qui vous transportera !

Choisissez bien plutôt de jouer généreusement, enfin et à chaque instant, la musique de votre cœur !

La grande révélation de l'Athlète de la Vie que vous êtes se résume ainsi : il n'existe pas de moment ordinaire ! Aucune situation n'est banale, aucune. Pour être en vie, intensément, il vous faut simplement vous entraîner à « chérir l'instant », à cueillir ce qui se passe *ici et maintenant* sur votre chemin de vie : 86 400 secondes vous sont offertes chaque matin, 1 440 minutes soit 24 heures.

Chérissez l'instant qui s'offre à vous, à tout jamais. Ceci n'est pas un nouvel outil dernier cri ou une réflexion philosophique, mais bien l'argile d'une vie épanouie et épanouissante.

Chaque instant est neuf, chaque instant est créateur, chaque instant représente la vie même à l'état brut.

Le secret détonant que recèle cette pratique de vivre le moment présent, c'est que vous vous fondez alors dans l'instant, comme l'athlète devient le « flux », l'artiste devient son œuvre et vous, vous commencez à matérialiser ce qui vous est le plus cher, car tout à coup, vous habitez la vie, vous incarnez votre félicité, en plein état d'éveil, et vous choisissez alors à tout instant la voie juste pour vous… Dites votre propre vérité et tout devient alors possible !

Agir ou subir, à chacun de choisir…

Pour pouvoir incarner pleinement vos instants de vie, laissez-vous aller à pratiquer cet art de vivre ici et maintenant avant tout ! Pour cela, cessez de classer certains moments comme ordinaires et d'autres comme importants. Tout instant est crucial, car il représente la vie, votre vie.

Quittez votre tête et ressentez à nouveau la vie qui coule dans votre corps. Jouissez à nouveau du simple bonheur d'être en vie, ancrez-vous au cœur du moment et prenez conscience que tout est parfait comme cela à l'instant même. Ne le fuyez pas pour les fantasmes de votre mental ou pour vous laisser hypnotiser par les noirs messages d'une société fatiguée, sinon résignée, que les médias véhiculent.

Vivez votre vie là où vous êtes, en vous engageant totalement dans ce que vous faites et en offrant tout simplement le meilleur de vous-même ! La vie revêtira alors ses plus beaux atours… rien que pour vous !

« Ayez le courage de suivre votre cœur et votre intuition.
L'un et l'autre savent ce que vous voulez réellement devenir.
Le reste est secondaire. »

STEVE JOBS

Le jour où Charlot s'est aimé pour vrai !

J'ai reçu simultanément de deux lecteurs fidèles ce même texte de Charlie Chaplin : Christine, qui le trouvait très beau et Georges, touché par ces perles de sagesse… Voilà ce que ce grand homme a eu à cœur de partager, à l'occasion de son 70e anniversaire, le 16 avril 1959 :

[…] Le jour où je me suis aimé pour de vrai.
J'ai cessé d'avoir peur du temps libre
et j'ai arrêté de faire de grands plans,
j'ai abandonné les projets grandioses pour l'avenir.
Aujourd'hui, je fais ce qui est correct,
ce que j'aime, quand cela me plaît et à mon rythme.
Aujourd'hui, je sais que cela s'appelle…
la Simplicité.

Le jour où je me suis aimé pour de vrai.
J'ai cessé de revivre le passé et de me préoccuper de l'avenir.
Aujourd'hui, je vis au présent, là où toute la vie se passe.
Aujourd'hui, je vis une seule journée à la fois.
Et cela s'appelle…
la Plénitude.

Le jour où je me suis aimé pour de vrai.
J'ai compris que ma tête pouvait me tromper et me décevoir.
Mais si je la mets au service de mon cœur,
elle devient une alliée très précieuse !
Tout ceci, c'est…
le Savoir-vivre.

Nous ne devons pas avoir peur de nous confronter.

Du chaos naissent les étoiles.

Je vous propose de vous laisser inspirer par les mots lumineux de ce véritable Athlète de la Vie, afin de vivre avec plus de légèreté chacune des journées qui s'offrent si généreusement à vous. Plongez généreusement au cœur d'une vie authentique, pour vous éloigner définitivement de toutes ces chimères et de tous ces « avatars », simples motifs pour que vous vous rongiez les sangs au quotidien… Il n'est jamais trop tard.

En tant qu'Athlète de votre Vie, prenez conscience que vous passez la majeure partie de votre temps sur le chemin, peu importe votre but. Il est donc essentiel de jouir de ce voyage qui s'amorce chaque matin. De plus, c'est le meilleur moyen de vous retrouver un jour à destination.

Nous l'avons vu précédemment, aucun moment n'est ordinaire en lui-même. Votre véritable richesse, c'est votre temps ! Dès lors, réapprenez à flirter avec lui à chaque instant. Ne le perdez pas dans des activités vides de sens, dans l'écoute des plaintifs fatigués de la vie, dans la litanie culpabilisante de vos erreurs d'hier…

Quoi qu'il soit advenu, vous avez fait de votre mieux à ces moments-là. N'hésitez pas à utiliser votre imagination pour sculpter les pistes d'un avenir excitant, comme le ferait un architecte, mais n'oubliez pas ensuite de passer à l'action. Seule l'action représente le passage vers la liberté intérieure, vers la pleine réalisation de soi en toute responsabilité, la vôtre !

Votre vie se déroule toujours aujourd'hui, qui est le berceau d'une existence épanouie, ou au contraire dilapidée… Réapprenez cette puissante capacité que vous utilisiez généreusement lors de votre enfance, jouissant de la vie à l'état brut, sans un catalogue d'a priori.

Bien trop souvent, vous ne percevez plus l'étincelle de l'expérience, toujours offerte dans l'instant présent, mais vous réagissez par le truchement de votre intellect, formaté pour classifier, disséquer et comparer…

Plus une personne est présente dans votre vie, qu'il s'agisse de votre amoureux, de vos enfants, de parents, d'amis ou de collègues, plus vous serez tenté, faute de vigilance, de vous focaliser uniquement sur « l'intitulé » du rôle que joue cette personne dans votre existence... Toute sa vie émotionnelle, ses ressentis, son « mystère »... tout cela passera à la trappe. Enfuis, les premiers émois des deux amants, du parent que projette dans les étoiles le regard de son nouveau-né, la chaleureuse accolade de l'ami au cœur de votre crise...

Au contraire, et comme le suggère le grand Charlot, éveillez-vous dès maintenant à ce voyage extrêmement sensuel du quotidien ! Celui-ci est gratuit ; en revanche, c'est un investissement colossal !

Plongez au cœur de votre cœur, au-delà des apparences trompeuses. C'est votre vie qui se déroule maintenant : daignez donc lui donner le sens incomparable qui fait étinceler votre regard juvénile !

Créez votre Vérité, et le chaos apparent sera en fait votre plus fidèle allié, il sera le ciment d'une création, la Vôtre. Quel plaisir de donner vie, de créer, de féconder les instants, les journées, les nuits de l'essence de vos rêves ! Comme me l'ont répété avec entrain de grands champions, artistes ou aventuriers :

« Le but n'est pas de rêver, le but est de vivre ses rêves ! »

Lorsque vous faites l'ascension d'une montagne, vous procédez en fait à l'ascension de vos cimes internes ; ceci représente votre Vérité, votre essence, votre différence. Ce sentier-là est celui de l'Athlète de la Vie, que vous ne devenez pas soudainement.

Non, vous décidez en fait d'arpenter avec passion cette voie, à chaque instant, en faisant tout simplement de votre mieux.

C'est le temps venu de vos véritables temps modernes, votre ruée vers l'or...

Agir ou subir, à chacun de choisir...

Il n'existe pas de moments ordinaires ! Décidez de quitter définitivement cette manière stéréotypée et trompeuse consistant à aborder la vie en classant les activités comme « importantes », « banales » ou autres…

Car à tout moment, il se passe une multitude de phénomènes autour de vous et en vous. En tant qu'Athlète de la Vie, pratiquez toutes vos activités, abordez toute situation, avec attention, éveil et générosité. J'insiste, il n'existe jamais de moments ordinaires ! En revanche, bien trop souvent, tel un somnambule, nous risquons d'errer, absent, prisonnier de notre mental, coupé de la vraie vie.

Soyez présent, comme le pilote d'une moto qui dévale sa pente à toute allure. Pour rester en vie, il se doit de toujours se concentrer sur le moment présent…

« L'exemple que nous donnons n'est pas un moyen d'influencer les autres, c'est le seul. »

ALBERT SCHWEITZER

Il y a toujours une seconde chance, une nouvelle feuille blanche

À l'aube d'un printemps qui allait bientôt pointer son nez curieux et espiègle, ma petite fille m'a inspiré l'essence de ces écrits…

« *Tu sais, papa, je suis grande maintenant, j'ai déjà cinq ans,* me dit-elle en me gratifiant de son radieux sourire. *J'aime beaucoup aller à l'école et apprendre plein de nouvelles choses. Et j'adore commencer à écrire, j'aime jouer avec les lettres, elles sont drôles…*

« *Tu sais, je me dis toujours avant de commencer quelque chose de nouveau que je vais y arriver !… que cela va marcher ! Et quand je rate un R et que je le transforme en B, ce n'est pas grave, rien n'est grave, papa… jamais. Il y a toujours une seconde chance, une nouvelle feuille blanche* », ponctua-t-elle d'un nouveau sourire.

Votre mental est imprégné de ces perceptions erronées des situations. Combien d'entre vous subissent au quotidien ces empreintes erronées, incrustées au plus profond de votre mental ? Je vous propose de reconsidérer celui-ci comme un simple logiciel. Le point crucial est de savoir quelles informations le constituent. Celles-ci soutiennent-elles vos projets de vie, vos objectifs, vos relations, votre réussite, ou au contraire les plombent-elles ?

Comme le soulignait avec insistance un radiologue de mes connaissances, jusqu'en 1998-1999, toutes les recherches sur le cerveau humain étaient effectuées sur des… cadavres. Depuis très peu de temps, nous bénéficions de l'imagerie par résonance magnétique, qui nous permet vraiment de découvrir ce qui se passe au cœur de nos cerveaux.

Alors je vous propose aujourd'hui de développer la pratique du travail mental qu'effectuent athlètes, musiciens et danseurs, afin de « reprogrammer » le plus harmonieusement possible ce précieux logiciel qui est le vôtre et de vous débarrasser des croyances limitatives, de ces habitudes néfastes, qui nuisent fortement à vos différentes réalisations. En dépit de votre engagement quotidien.

Nos croyances ne sont en fait que des circuits neuronaux que nous avons créés malgré nous par la répétition. Lorsque vous songez à quelque chose, vous activez des réseaux neuronaux. Plus vous pratiquez les mêmes schémas de pensée, plus vous donnez vie à des systèmes de croyances, en renforçant malgré vous ces circuits. En fait, suivant la direction de vos pensées, des cellules s'associent, créant ces fameuses connexions neuronales. Et plus vous intensifiez ces réseaux neuronaux, plus vous devenez le sujet d'habitudes et de comportements qui vont déterminer vos résultats obtenus au quotidien.

Il vous est donc possible de consacrer cinq minutes par jour à pratiquer le même travail interne, mais cette fois consciemment et dans le sens positif. Ainsi, vous allez inévitablement créer des connexions, qui vont concourir à votre réussite, dans tous les domaines et en pleine harmonie.

Votre cerveau n'établit aucune différence entre ce qu'il voit et ce qu'il imagine ou se remémore. Cela offre la fantastique opportunité, comme le font de plus en plus d'athlètes, de vous « mentir » assez longtemps pour fabriquer les bons circuits neuronaux, qui vous permettront dès lors de matérialiser un comportement, une activité, un art… cette maîtrise tant souhaitée et qui vous semblait à des années-lumière de vos possibilités…

Pour cela, une seule obligation, utiliser les richesses colossales que vous offre votre imagination. Comme le savent si bien les enfants, les inventeurs et les artistes, tout est possible instantanément au royaume exubérant de l'imagination. Albert Einstein proclamait que l'imagination était le plus grand des pouvoirs dont dispose l'être humain.

Plus vous allez imaginer, plus vous sentirez grimper en vous les sensations de maîtrise et de réussite liées à cette pratique. Il faudra vous discipliner pendant trois ou quatre semaines pour

« impressionner » suffisamment votre subconscient. Dès lors, c'est lui qui va prendre le relais, grâce à votre système nerveux autonome, pour que vous vous comportiez véritablement, au quotidien, avec l'empreinte positive de ces nouveaux circuits neuronaux.

Plus vous expérimenterez cette manière de fonctionner, plus votre hypothalamus libérera dans votre corps les substances chimiques qui produisent l'effet de se sentir bien, tout simplement ! Dans cet état d'esprit, vous devenez apte à effectuer le bon geste, fournir la bonne réponse, adopter le bon comportement au bon moment.

Retrouvez donc ce champ constellé de « possibles », si cher aux enfants, en faisant régulièrement le « ménage » intérieur, afin d'offrir ensuite à votre existence une myriade d'occasions favorables et de nouveautés.

Agir ou subir, à chacun de choisir…

Qu'avez-vous à perdre à vous offrir cinq minutes de visualisation quotidienne, afin de créer en vous de nouveaux circuits neuronaux, au service de votre épanouissement ?

Si vous pratiquez pendant 30 jours, cela représentera un investissement, relativement modeste, d'une heure et demie, qui vous rapportera gros, très gros !

Je vous conseille, dès votre réveil, dans cet état vierge entre sommeil et veille, de vous imprégner, avec tous vos sens et avec le zèle enthousiasmant de l'enfance, de comportements, de pratiques, d'activités, de talents… que vous désirez optimiser le plus simplement, le plus rapidement et le plus facilement possible.

Répétez cette pratique juste avant de vous endormir. Puis laissez tout simplement les choses se mettre en place, comme le jardinier qui a semé ses graines et qui laisse la terre faire son œuvre.

« L'imagination est l'œil de l'âme. »

Joseph Joubert

Vous êtes bien plus que vos rôles !

Je viens de terminer une semaine consacrée à des conférences-spectacles qui ont présidé à un précieux échange avec deux publics différents, mais tout aussi passionnés et passionnants !

J'ai ainsi pu célébrer le 100e anniversaire du Negresco à Nice, devant une clientèle fidèle venue fêter le passé en mettant en avant les jeunes talents de cet hôtel prestigieux ; et j'ai eu l'honneur de me retrouver à la soirée anniversaire de Mednat Expo (salon pour les médecines naturelles) à Lausanne, où chaque membre du public prenait le temps de plonger au fond de son intimité, pour pouvoir relever avec une vigueur toute particulière les défis de demain dès aujourd'hui.

Ce qui m'importe ce soir au sein de ce spectacle, c'est de laisser de côté mon rôle de « Coach des Leaders » afin de partager avec vous le véritable chemin que l'homme que je suis a arpenté tout au long de ces dernières années. Je vous invite à votre tour à poser, le temps de cette soirée, votre identification aux différents rôles que vous endossez tout au long de votre quotidien, que ce soit celui de manager, de parent, de mari ou d'ami…

Offrez-vous la liberté de tout simplement ressentir les différentes couleurs des sentiments qui vous habitent, de prendre conscience que nous sommes tous à la fois si différents et si semblables sur les sentiers d'une vie authentique d'être humain. C'est ainsi que j'entrai en matière sur scène…

Combien de fois en effet avons-nous cette fâcheuse tendance à nous identifier totalement à nos rôles quotidiens et à plier sous le poids colossal des obligations liées à ceux-ci en sacrifiant totalement notre véritable identité d'être humain ? Le réflexe traditionnel est de vouloir compenser un mal-être grandissant en se protégeant ou en tentant de se rassurer derrière les boucliers de nos différents rôles... bien évidemment sans jamais y parvenir !

L'authenticité suppose une prise de conscience préalable : prendre conscience qu'à tout instant, peu importe le rôle que mentionne votre carte de visite, simple bout de carton, on peut vous montrer la porte du jour au lendemain... Et il en va de même dans la vie privée, que vous soyez mari, père ou ami... vous pouvez en l'espace d'une nuit perdre ce qui pouvait vous sembler un acquis. On doit faire la même constatation en ce qui concerne le lieu de vie, la réserve financière, quelque confort que ce soit... Tout ceci peut s'évaporer en un temps record.

La première leçon de l'Athlète de la Vie découle de ce constat brut : vous devez ancrer votre confiance en vous-même, en vos possibilités, en vos talents, en vos capacités, en vos potentiels, en votre expérience, en votre fougue, en votre audace, en votre vitalité, mais jamais, au grand jamais, sur un quelconque artifice extérieur, aussi séduisant et alléchant soit-il.

Combien de managers se sont retrouvés en un instant abattus sinon détruits, en apprenant qu'ils étaient démis de leurs fonctions, eux qui avaient tout donné, qui étaient allés au bout de leurs forces pour assumer le défi d'assumer leur rôle... eux qui avaient mis ainsi en péril l'équilibre familial et leur santé, sacrifié des amitiés, pour recevoir comme seule marque de reconnaissance ultime une lettre de licenciement !

Et la casse est dramatique, elle se nomme burn-out, une harpie avide qui se délecte des proies faciles, laminées par un système qui brandit les signaux d'une réussite falsifiée.

Combien de femmes et d'hommes ne se sont-ils pas ainsi brûlé les ailes dans ce jeu de l'illusion : apparaître jour après jour telles des bêtes de travail, au bureau ou ailleurs, tout en se démenant pour être des parents à qui on ne puisse absolument rien reprocher, sans oublier de trouver encore le temps nécessaire pour garder une apparence séduisante, peut-être une plastique avantageuse, au quotidien ? Ah oui, j'allais oublier qu'il reste important de demeurer une maîtresse ou un amant performant...

Vous le voyez et le ressentez rien qu'à lire ces lignes, il n'y a aucun ancrage sain dans une telle existence. Elle est bâtie sur du sable et vous n'y avez aucun équilibre. La seule chose capitale dont vous devez prendre conscience est que le seul ancrage sain ne se trouvera jamais à l'extérieur de vous ; il ne peut venir que de l'intérieur, il n'y a aucune exception.

Cultivez cette sensation prodigue et vivifiante, ceci en prenant le temps d'entretenir avec un soin extrême vos « racines », votre authenticité. Celle-ci ne vous lâchera jamais, quoi qu'il se passe autour de vous ! Plus vous gagnerez en sérénité intérieure, plus vous percevrez dans vos aventures quotidiennes d'inépuisables filons de possibles.

Vous ne réagissez jamais à une situation, mais bien à l'image que vous vous en faites. Sereine et authentique, votre lecture ne pourra qu'être colorée de solutions. Stressée, précipitée, superficielle, celle-ci sera cabossée, simple reflet de votre regard abîmé.

La seconde prise de conscience de l'Athlète de la vie est qu'un rôle n'est qu'un rôle, dont vous revêtez le costume avec un scénario précis dans un but précis. En aucun cas vous ne devez vous identifier à ce rôle, même s'il est prestigieux. Jouez-le, certes, avec tout votre enthousiasme et toute votre expérience, mais gardez bien à l'esprit que ce contrat a une durée déterminée. La seule certitude est que tout change constamment…

Ainsi ancré au cœur de votre propre et authentique confiance, vous prenez alors conscience qu'à tout moment vous possédez la liberté de quitter le rôle. C'est ce seul vrai contrat qui vous permet de pouvoir vous engager au maximum, dans le total respect de vous-même.

Sentez-vous libre d'être vous-même, bien au-delà des modes et des concepts ! Vous êtes unique, comme des milliards d'autres ; ne vous laissez pas limiter par un rôle que vous avez pu avoir ou que vous incarnez au bureau ou à l'usine. Vous êtes bien plus que cela : un être de chair qui ressent son cœur battre à chaque instant et qui s'émeut au contact des personnes les plus chères. Cela ne s'explique pas, cela se ressent. Comme bien des choses essentielles, l'explication est inutile, car le vrai est éternel.

Agir ou subir, à chacun de choisir…

Afin de ne pas ployer sous le poids des différents rôles de votre vie et de prendre un réel plaisir à les incarner, avec toute votre splendeur et toute votre différence, pratiquez l'exercice suivant de temps en temps (une fois par mois semble un rythme sain).

Prenez un après-midi pour vous et allez faire une promenade, seul dans la nature ou au milieu de la foule. Tout en marchant, prenez le temps d'ôter, comme vous le feriez d'un vêtement, chacun des rôles que vous jouez dans votre vie quotidienne.

Laissez derrière vous, dans la forêt ou dans la rue, vos rôles de conjoint, de parent, de collaborateur, de directeur, de sportif, d'ami… et sentez sourdre au fond de votre être un puissant vent de liberté qui n'a jamais cessé d'être là et qui ne demande qu'à vibrer.

Ressentez ce baume vivifiant qui vous rappelle l'essentiel ; au-delà de tous ces rôles, vous êtes avant tout une personne authentique qui jouit de la vie !

« Ma couronne n'est pas sur ma tête, mais dans mon cœur. Elle n'est point garnie de diamants et de pierres précieuses ; elle est invisible ; ma couronne s'appelle contentement : c'est une couronne que possèdent rarement les rois. »

William Shakespeare

Le loup : quel loup ?

Une légende amérindienne, que mes enfants adorent, m'inspire aujourd'hui. Un ami me faisait part voici bien longtemps de cette histoire d'une sagesse exemplaire…

À l'intérieur de vous-même, jour après jour, se déroule un étrange combat. Cette lutte oppose deux loups. L'un d'entre eux est mauvais, il est peur, colère, envie, chagrin, regret, avidité, arrogance, apitoiement sur soi-même, culpabilité, ressentiment, mensonge, ego…

L'autre, lui, est bon : il est joie, paix, amour, espoir, partage, sérénité, humilité, bonté, bienveillance, amitié, empathie, générosité, vérité, compassion, et feu.

Chaque personne en ce monde vit ce combat quotidien.

« Qui gagne, papa ?

– Celui que tu nourris ! »

Prenez donc le temps de veiller sur ces précieuses semences qui sommeillent au plus profond de vous ! Cultivez, en tant qu'Athlète de votre Vie, les graines fertiles d'une vie réussie ! En vivant intensément au cœur de chaque instant, vous ne pouvez qu'interpréter la plus belle version de vous-même.

C'est votre mission quotidienne : réussir vos instants, qui ainsi constitueront votre bonheur. À l'image des perles précieuses solitaires qui, assemblées une à une, donnent naissance à un superbe collier.

À tout moment, vous comme moi, nous sommes agressés par les frustrations sans fin de notre loup égoïste, avide de pouvoir et de réussites futiles.

Pourtant, ce combat brutal et destructeur ne peut se dérouler, dès lors que vous décidez de « nourrir » le côté lumineux de vous-même. Vous n'avez en l'occurrence rien, absolument rien à prouver à quiconque. Simplement à jouir de votre différence.

Bien trop souvent, notre environnement social veut nous contraindre à cette attitude de « combattre », de « lutter contre », pour réussir, si ce n'est simplement survivre.

Votre intelligence émotionnelle, elle, vous pousse à annuler tout conflit, de la manière la plus simple et écologique qui soit. Le combat est inutile, il est perdu d'avance, car combattre ainsi, c'est créer sa propre division, donc son propre échec.

Devenir violent n'arrange rien, si ce n'est dévoiler au grand jour le loup qui triomphe en vous.

La seule façon saine de répondre à toute situation, c'est de « travailler pour », de mobiliser notre puissance physique et émotionnelle, afin de voir fleurir ce jardin luxuriant et d'une beauté stupéfiante, que représente l'harmonie.

« Il faut cultiver notre jardin », comme Voltaire nous y exhorte magistralement dans sa conclusion de *Candide ou l'Optimiste* !

Vous ne pouvez que gagner à ce jeu, il est impossible de perdre ou de s'égarer. *Oui, le hasard n'existe pas !*

Tout est dans votre attitude qui rayonne, inlassablement, du soir au matin.

Que mettez-vous dans votre assiette journalière ?

Quels sont les rictus quotidiens qui façonnent votre visage ?

Quelles pensées secrètes tapissent de façon déterminante votre mental ?...

Quelle est la musique de votre voix, celle qui résonne dans votre tête et qui sort de votre bouche ?

Vos propos offrent-ils des perles de sagesse ou décochent-ils des flèches empoisonnées ?

Ressentez-vous la paix de votre esprit ou les vibrations destructrices d'un mental déréglé ?

Hurler ne représente pas la force, mais bien au contraire un aveu de faiblesse et de crainte.

Écouter, tout simplement, dévoile la véritable puissance d'un être totalement libéré du besoin de se comparer et d'avoir raison.

Nous ne pouvons pas cacher, ni masquer par un artifice quelconque, qui nous sommes par essence.

Je vous encourage vivement à nourrir et à devenir ce loup invincible et tranquille, respecté à jamais, car libéré de toute crainte. Le temps qu'il fait chaque jour n'a aucune prise, car il savoure ce qui est, tout simplement.

Il célèbre le fait d'être en vie, d'avoir le privilège de donner le meilleur de lui-même, libéré de toute attente.

Agir ou subir, à chacun de choisir…

Je vous encourage à découvrir cette pratique simple, mais d'une imparable efficience. Accédez à la puissante candeur de l'enfant ; observez à toute occasion dans un miroir, et sans fard, à quel loup vous ressemblez !

« Finalement, il n'y a que deux réponses à toutes les questions. C'est soit positif, soit négatif, à vous de décider laquelle vous choisissez ! »

NERISSA ODEN

Passager ou acteur du voyage ?

À la saison printanière, la nature nous montre une fois de plus la puissance du changement. En effet, partout sous nos yeux, elle offre un ballet d'élégance merveilleusement coloré. Que vous le vouliez ou non, Dame Nature vous encourage continuellement à changer.

Rien ne se fige, mais une illusion perdure, celle qu'il serait important, parce que réconfortant, de consacrer de l'énergie à maintenir les choses en leur état, tant sur le plan professionnel, familial ou amoureux que pour votre vitalité. Parallèlement, nombre d'entre nous se fourvoient à vouloir, avant tout, changer les autres, « pour leur bien », évidemment…

J'aime beaucoup ces mots pleins de simplicité et de bon sens, que me confia un jour une aînée au riche vécu et à la grande sagesse :

Tu ne changeras jamais quelqu'un d'autre que toi ! Même tes meilleures intentions seront vouées à l'échec. Chacun doit affronter ses propres démons intérieurs, telle est la loi universelle ; tu ne peux pas y échapper.

Si tu t'obstines à vouloir que ton collaborateur modifie enfin son prétendu manque d'engagement, demande-toi plutôt ce qui en toi provoque ce genre d'environnement néfaste…

Si tu as attiré quelqu'un de violent dans ta vie sentimentale, ne t'illusionne pas à croire que l'autre changera grâce à la force de ton Amour. La violence lui appartient, semence de ses propres souffrances et incohérences.

Là où tu possèdes une force de levier phénoménale, c'est dans la recherche de ce qui a attiré toute cette violence dans ta vie, d'accepter ce qui a été et d'oser, ici et maintenant, choisir une direction nouvelle pour t'offrir une vraie relation épanouissante.

Ne t'illusionne surtout pas, sinon l'indésirable ébranlera de toute sa force tes chimères et te jettera à terre ! Redresse-toi et redresse en toi ce qui va de travers !

La chose la plus féconde que vous puissiez modifier est le regard que vous portez sur une situation. En tant qu'Athlète de la Vie, votre quotidien est votre stade et votre plus grande expertise, l'audace de positionner un nouveau paradigme. L'action sera votre épée dans la reconquête de ces terres violées, que vous pourrez alors transformer en terreau fertile.

Vous avez tous fait l'expérience que, lorsque vous rechignez à avancer, l'inévitable vient vous bousculer fortement et vous faire perdre des appuis devenus friables et obsolètes. À ce moment-là, votre vie bascule soudainement dans la fournaise du changement et il n'y a aucun chemin de retour possible… si ce n'est d'accepter ce qui est, de se relever une fois de plus et, surtout, de ne pas dilapider le peu d'énergie qu'il vous reste alors, à vous culpabiliser de n'avoir pas mieux négocié la situation précédente. Nous avons à chaque fois fait de notre mieux, un point c'est tout.

Ces mots de Corine Sombrun sont parfaitement à propos :

« Accepter quelque chose d'inévitable, c'est ne plus subir ; c'est devenir libre ! »

Servez-vous donc de ces dures expériences de votre parcours d'Athlète de la Vie, afin de vous positionner désormais dans le courant du changement. Soyez le rythme de ce changement à chaque instant, créez vous-même ce prétendu « déséquilibre », afin que la vague vous porte vers une destination des plus chatoyantes, que vous méritez grandement. Prenez un malin plaisir à profiter du voyage, plutôt qu'à vous sentir vivant seulement lorsque la destination est atteinte.

Vous pouvez être certain que la routine tue inéluctablement et que le stress détruit sans pardon. Dans le même temps, même si tout va beaucoup plus rapidement, ceci vous offre la chance de cultiver votre « verticalité », la manière dont vous allez glisser harmonieusement dans votre existence.

Au lieu de vous perdre à tenter de changer ce qui est et ce que les autres sont, enfilez fièrement vos bleus de travail, afin de bâtir, au cours des 86 400 secondes de votre journée, une œuvre qui a du sens pour vous et pour la communauté.

Nous avons tout au fond de nous une représentation de la vie, que l'on appelle une « métaphore de base ». Certains la décrivent comme un chantier pénible, consistant à pousser sans fin et sans espoir les lourdes pierres de Sisyphe. D'autres érigent un monument. Question de (libre) choix !

Le meilleur baromètre qui vous habite, avec une fiabilité sans faille, c'est la JOIE ! Votre cœur vit-il généreusement dans l'Enthousiasme ou avancez-vous le cœur lourd et le corps fatigué ?

En fait, cette question ne demande pas une réponse, elle induit un travail sur soi qui représente un enjeu majeur.

D'une part, le chemin de l'existence peut être escarpé, mais la façon de l'envisager peut largement changer les choses et diminuer les obstacles.

D'autre part, dans cet état d'esprit, il est plus commode de voir qu'il existe peut-être une autre voie, et que l'on possède la liberté, sinon la responsabilité, de l'emprunter.

Agir ou subir, à chacun de choisir…

Prenez le temps d'observer dans quelle mesure vous avez ouvert chez vous le chantier consistant à vouloir changer les autres.

Et offrez-vous l'audace de modifier diamétralement ce « modèle erroné » !

Une distorsion se produit en effet en vous, et elle rend votre chemin extrêmement ardu, sinon impraticable !

Alors, que pouvez-vous faire, ici et maintenant, pour redresser la barre ? Rien de moins que de vous offrir le meilleur, que vous méritez largement !

« Le leadership est une force qui encourage les participants d'un voyage à passer de l'état de passager à celui d'acteur d'une aventure. »

Christopher Viehbacher

Physiologie maximale !

Que vous le souhaitiez ou non, que vous le conscientisiez ou non, que vous l'acceptiez ou non, votre voyage quotidien passe obligatoirement par votre état physique.

Comme je le disais tout récemment à un homme d'affaires stressé :

Le mouvement crée votre état émotionnel. Modifiez résolument votre manière de bouger votre corps et vous accéderez instantanément à un niveau d'émotions énergisantes !

Lorsque vous êtes stressé, prisonnier de scénarios obscurs, vécus dans le mental, qui vous propulsent au sein d'émotions désagréables, ce qui raidit et rigidifie votre corps, il n'y a qu'une seule voie : BOUGEZ vos bras et jambes avec rapidité, accélérez le tempo, à l'écoute exclusive de votre corps pendant quelques minutes.

Maintenant, ressentez et savourez la façon dont vous « habitez » soudain votre chair, comme vous vous sentez bien, comme votre mental est apaisé, vidé, prêt à recevoir la saine inspiration. C'est ainsi qu'opère la magie de l'instant présent !

Voilà pourquoi Albert Einstein insistait sur le fait que les problèmes éprouvés aujourd'hui ne peuvent se résoudre par la manière de penser qui les a créés. Il faut diamétralement changer de perspective pour comprendre pourquoi je vous propose de pratiquer ces exercices physiologiques de pointe, qui, de prime abord, pourraient sembler exotiques dans le milieu de l'entreprise, mais qui sont de puissants alliés pour rendre à votre inspiration son leadership !

Le secret de la haute performance pourrait en fait se résumer à la capacité de maîtriser à chaque instant votre niveau d'énergie. Bien souvent, celui-ci est tributaire des environnements côtoyés, des personnes fréquentées et des situations abordées… Et, comme nous l'avons tous constaté, mais pas forcément conscientisé, s'acharner à vouloir modifier les environnements, les situations et les relations est une cause perdue d'avance…

Comme je le répète sans cesse, pour exercer sa maîtrise en pleine responsabilité, il suffit (mais c'est une incontournable condition) d'actionner deux leviers distincts :

– d'une part, *booster* votre état physiologique, ce qui transformera tout naturellement votre état émotionnel et les comportements qu'il génère ;
– d'autre part, focaliser votre attention sur l'objet de vos désirs.

Pour le moment, restons concentrés sur le premier levier.

Vous aurez certainement remarqué que la confiance en vous était naturellement présente lorsque vous vous sentiez bien dans votre corps. Paradoxalement, celle-ci vous fuyait dès l'instant où vous ressentiez un vide intérieur, qui dévore instantanément votre substance vitale.

Lorsqu'une personne ressent ce vide, elle va adopter un comportement léthargique, déprimé, subissant la destruction de sa vitalité.

Observez bien comment la personne va alors bouger, se tenir, parler… Sa position corporelle sera figée, les épaules rentrées, les bras et les jambes croisés, le dos voûté : tout cela ploie sous le poids des responsabilités, des contraintes, des problèmes qui semblent insolubles…

Vous entendrez une voix de faible tonalité, déconnectée de son support, de sa substance, émettant des propos déphasés par rapport à la réalité objective… comme se décomposant dans un brouillard de pensées confuses, et tentant désespérément d'échapper à cet état, en fait maladif.

Agir ou subir ? Voilà la bonne et saine question que se pose tout Athlète de la Vie ! Le but n'est pas en effet de vous demander comment clarifier cette confusion, mais bien de la chasser pour y voir tout naturellement plus clair.

Même si cela peut sembler très terre à terre pour certains, le secret se résume à modifier radicalement et instantanément son état physiologique, en produisant des actions physiques, qui vont tout naturellement faire exploser l'armure contraignante et rigide qui emprisonnait votre corps.

Bougez les bras avec puissance et amplitude, redressez votre posture, ancrez votre regard sur l'horizon, expirez profondément à de nombreuses reprises, sautillez sur place, élevez le volume de votre voix !

Pour réussir vos challenges, osez donner un grand coup de pied aux idées préconçues et transformez-vous comme un athlète en quelques minutes, pour rayonner de toute votre puissance au cœur de vos activités quotidiennes. Sortez résolument du schéma « réfléchir, réfléchir, réfléchir encore… ».

Pratiquez régulièrement, comme les champions et les artistes, ces exercices corporels de base, tout simples et qui vous prépareront à l'excellence !

Lorsque vous êtes fatigué ou frustré, bougez votre corps sur un tempo élevé et vous vous sentirez alors instantanément fort, puissant, ressourcé.

Agir ou subir, à chacun de choisir…

Prenez du temps pour observer comment vous vous tenez, comment vous marchez, comment vous bougez… lorsque vous êtes en pleine confiance. Ensuite, entraînez-vous régulièrement à enrichir cet état de puissance en vous tenant, en marchant, en bougeant. Ressentez cet état physique de pointe et augmentez-le avec une énergie décuplée !

Désormais, lorsque vous vous sentirez sous l'emprise de la tenaille du stress, LIBÉREZ-VOUS ainsi en quelques minutes, puis savourez ce nouvel état émotionnel nourrissant et énergisant.

Utilisez alors cette nouvelle perspective que vous offre votre mental libéré de toute confusion, immaculé.

« Tu projettes ton énergie vitale quand tu te sens bien et quand tu aimes, tu la rétractes vers le centre de ton corps quand tu as peur. »

WILHELM REICH

Expirer, joyau de votre performance !

Aujourd'hui, vous allez intégrer une force de levier prodigieuse, pour votre « management personnel » et pour rajouter de belles années à votre existence. C'est en modifiant votre respiration que vous allez changer instantanément votre manière de décoder votre environnement. Car c'est lorsque vous « résistez » à une situation donnée que vous vous sentez tendu, et vous donnez ainsi naissance au stress. Il suffit cependant d'avoir l'audace de modifier votre rythme respiratoire pour transformer automatiquement votre ressenti du moment. Le succès d'un vrai champion en dépend !

Utilisez cette astuce sans modération pour vous simplifier le quotidien et vous épargner quantité d'efforts inutiles tout en accomplissant beaucoup plus. Ce processus vous procurera de plus en plus de plaisir.

En fait, « se sentir mal » consomme une énergie colossale, à l'opposé d'une gestion optimisée de la performance.

Voici ce que je disais récemment à l'un de mes clients :

Pour être efficace, votre organisme se doit d'être « propre », ce qui veut dire qu'il est important de le nettoyer…

L'expiration est votre plus fidèle alliée pour effectuer cette régénération. Effectuez le plus souvent possible, tout au long de la journée, de longues expirations profondes, qui vont dynamiser régulièrement votre système sanguin et lymphatique.

Les bienfaits d'une respiration de qualité sont nombreux : vos poumons vous protègent mieux contre les germes, vos reins éliminent plus efficacement l'acide urique, l'ensemble de vos viscères reçoit un massage vivifiant ; votre foie, votre vésicule biliaire, chef d'orchestre du stress, votre pancréas, votre rate et vos intestins optimisent naturellement leur fonctionnement grâce à une saine irrigation nourricière et à une excellente élimination.

De plus, vous harmonisez votre « cerveau émotionnel » en décongestionnant la région du plexus solaire. Ce mouvement respiratoire généreux modifie grandement la façon dont vous vous sentez. Et en vous sentant bien, vous devenez instantanément une source d'inspiration bénéfique, fructueuse et enrichissante pour les autres.

Ainsi, grâce à une respiration optimale, vous vous dotez d'un système immunitaire puissant. Avec l'appui d'une respiration profonde et consciente, vous vous reconnectez aux richesses de votre Être profond, vous vous réappropriez le langage universel de la chair, qui, par le truchement des sensations et des différents états affectifs, vous rebranche sur votre intelligence émotionnelle.

Voilà pourquoi l'art respiratoire permet de se conditionner de façon optimale : une ventilation de qualité chasse rapidement toute confusion mentale et permet alors de voir clair dans sa vie.

Une des souffrances contemporaines prend sa source dans l'incapacité de ressentir l'allégresse de l'instant, en se retrouvant coupé de l'énergie vitale nourricière. Cela provoque inévitablement des ventres trop durs ou relâchés, trop volumineux, ballonnés, douloureux…

Faites voler en éclats ce corset d'obligations qui vous emprisonne (et vous empoisonne…) en décidant de vivre vos instants en grand, en redevenant un maître de l'art respiratoire !

Cette compétence est en vous, ancrée au tréfonds de votre système neuronal, car, enfant, vous pratiquiez avec excellence et naturel cet art de bien respirer et de bien vivre.

Réveillez cette sagesse viscérale, **tout de suite**, car les cadeaux que vous offre une respiration de haute qualité sont grandioses ! Si vous respirez pleinement, il vous sera alors impossible de subir tout état de stress.

Un corps détendu sur le plan musculaire, donc non envahi par des influx nerveux inutiles, déclenche instantanément un état émotionnel agréable, énergisant, nourricier, une véritable cure de jouvence. Votre esprit ne peut alors que se retrouver pacifié, libre, vide de tout scénario mental obscur, totalement prêt à vous « inspirer » de justes solutions.

Prenez conscience de ceci : vous pouvez modifier la direction et le cadre de votre existence, par cette pleine et saine utilisation de votre capacité respiratoire, tout en jouissant des bienfaits des mouvements bénéfiques de cette mécanique.

Soignez votre posture pour bénéficier de l'amplitude respiratoire requise pour bien vous régénérer. Entraînez votre diaphragme à rester très élastique : il est l'acteur principal de toute la ventilation du corps. Faites ainsi fonctionner au maximum votre système lymphatique. Cela vous libérera définitivement des états de stress destructeurs et éliminera votre « mauvais sang ». Tout deviendra alors possible !

Agir ou subir, à chacun de choisir...

Redressez votre dos, afin de bénéficier au maximum du pouvoir régénérateur de votre respiration ; ancrez vos pieds au sol, les genoux légèrement fléchis.

Placez vos deux mains sur la zone située entre le nombril et le pubis, fermez les yeux pour vous focaliser essentiellement sur votre ressenti, puis commencez à expirer lentement et profondément par la bouche, en émettant le son « aaaaah » et en contractant progressivement votre ceinture abdominale.

« Videz », en sachant que vous pouvez expirer quatre ou cinq fois plus longtemps que vous n'inspirez.

Puis, laissez débuter naturellement votre inspiration. Vous vous sentez inspirer, l'oxygène vous envahit, votre corps en manque d'air va créer tout naturellement le plein. Votre ventre ressort, vos côtes s'élargissent et vous ressentez cette vague d'inspiration qui s'achève paisiblement sous la région des clavicules.

Alors, expirez à nouveau progressivement pour expulser toute tension, en laissant votre ventre se rétracter, puis, complètement

« vide », laissez opérer la nature en vous : c'est elle qui crée l'inspiration régénératrice naturelle…

Vivez cette séance sept fois de suite, détendu, en pleine écoute de votre corps. Répétez fréquemment tout au long de votre journée ces pauses de jouvence, en songeant à expirer profondément, afin de ralentir la frénésie ambiante et de vous recentrer.

« En te levant le matin, rappelle-toi combien précieux est le privilège de vivre, de respirer, d'être heureux. »

Marc Aurèle

Cultivez l'art de la rétroaction au quotidien !

Devenez un professionnel dans l'art d'offrir des rétroactions et vous serez sans aucun doute une personne des plus recherchées. Qui ne rêve pas d'avoir autour de lui quelqu'un de vrai qui lui permettrait d'avoir un recul objectif sur la façon dont il se comporte, ce qu'il fait et comment il le fait ?

Un regard d'observateur neutre qui encouragerait à se libérer d'un certain système d'éducation basé sur ce qui ne fonctionne pas...

Tous, nous avons été plongés dès la plus tendre enfance au cœur d'un système d'évaluation permanente, dont la barre de référence est placée au niveau de l'expertise.

Ainsi, votre scolarité vous a rapidement confronté à ce qui manquait, à ce qui n'était pas au top. L'accent était mis sur ce que *vous aviez fait de faux* ; vos fautes d'orthographe, par exemple (mais quelle marque dans la mémoire !), étaient soulignées en rouge.

Ce traitement axé sur les imperfections et sur les manquements (à la discipline, à l'hygiène...) a rongé progressivement votre confiance en votre capacité d'être à la hauteur...

L'amalgame était fait : ce qui n'était pas « parfait » dans ce que vous faisiez équivalait à une connotation défavorable, plus que des mots, de votre valeur d'être humain, de votre intégrité.

Juger en mixant ainsi insidieusement le perfectionnement nécessaire et la valeur personnelle crée la peur et dégrade, parfois à outrance, l'estime de soi.

Quittons plutôt cet univers destructeur pour privilégier une tout autre culture : la rétroaction au quotidien.

En qualité d'Athlète de la Vie, vous êtes conscient que votre simple présence physique est à tout instant émettrice de feedback. Regardons un instant la théorie du professeur émérite Albert Mehrabian, pour qui 93 % d'un message relève d'une résonance physique, charnelle (55 % dans vos gestes et regards, 38 % dans votre vocal et seulement 7 % dans vos mots).

La simple présence physique au sein d'un environnement donné possède donc un énorme impact, constructeur ou destructeur… Ce phénomène est généralement inconscient, on le constate à foison dans les entreprises, le sport, l'enseignement et tout autre domaine. Sans oublier la politique…

Le corps ne ment jamais et la vibration qu'il émet possède une résonance puissante, bien davantage que les mots prononcés. Souvent, le silence, laissant toute sa place à la présence physique, offre à l'autre une qualité de « retour » de toute grande qualité, sans aucun rapport avec la saturation produite par un flot discontinu de paroles « insensées ».

Pour devenir, toujours et partout, maître dans l'art d'accompagner et d'entourer les autres au quotidien, dans tous nos environnements, vous ferez de cette « culture de la rétroaction » votre plus fidèle alliée. Elle révélera vos belles compétences sociales. Il y a cependant pour cela une condition : vous devez apprendre à être « aligné » intérieurement, afin de disposer d'une résonance globale optimisée et constructive.

Vos sensations sont vos guides dans cette démarche, ce sont elles qui vous renseignent à tout instant sur le niveau de votre ancrage personnel.

Lorsque vos sensations physiques sont agréables, elles vous indiquent, tel un GPS, que votre orientation est juste. Au contraire, toute sensation, même ténue, de malaise, de mal-être, est un indicateur de « désalignement » entre vos valeurs, votre respect d'autrui et de vous-même, et vos propos ou actions du moment.

C'est là que réside votre capacité d'agir et de vous surpasser, d'évoluer en puissance au lieu de vous « auto-saboter ».

En pleine conscience de votre état personnel, vous devenez alors une source féconde de soutien pour les autres.

Prenez conscience que pour optimiser l'autre, votre enfant, votre compagnon, votre amie, votre collègue de travail, votre collaborateur, votre élève ou le sportif que vous soutenez, la circulation de retour (de l'apprentissage) est votre atout indispensable et déterminant.

Il s'agit d'un outil majeur de l'accompagnement, qui permet une clarification permanente et renforce la confiance, élément fondamental de toute réussite.

Une relation humaine réussie implique que votre interlocuteur se sente mieux, grandi et énergisé après l'échange. Pour cela, vous utiliserez deux types de rétroaction ou de retour.

Le « feedback positif », lui, renforce l'attitude, le comportement et l'action énergisante. Félicitations, remerciements sincères, gratitude… autant de signaux d'authenticité qui vont enraciner chez l'autre les schémas neuronaux gagnants, lui permettant d'élaborer, jour après jour, ce qui deviendra sa véritable valeur ajoutée.

D'un autre côté, vous recourrez aux « feedbacks correctifs », afin de soutenir la personne dans ses efforts pour créer des résultats favorables et porteurs. Elle acquerra ainsi les moyens d'optimiser progressivement son être, son attitude et ses entreprises.

Faut-il le préciser, ce mode d'apprentissage n'a rien à voir avec un rapport de force ou de pouvoir entre un dominant et un dominé, rien à voir non plus avec une forme quelconque de manipulation. Il s'agit d'être totalement présent pour soutenir l'autre dans sa capacité de progresser et d'obtenir des résultats toujours meilleurs.

Voici ce que me confiait dernièrement un pilote de ligne expérimenté :

Chacun peut s'inspirer de l'aviation pour atteindre ses objectifs les plus chers.

L'avion que je pilote vient de décoller de Paris à destination de Sao Paulo. La plupart des gens s'imaginent qu'il va suivre une trajectoire parfaitement rectiligne. Ce n'est cependant pas du tout comme cela qu'on rallie une destination. En réalité, l'avion va constamment dévier de la trajectoire parfaite et sera à tout instant réaligné afin d'arriver à destination. Tout déplacement se fait ainsi par corrections permanentes.

Ainsi, pour être efficace et permettre d'atteindre les objectifs désirés, la culture de la rétroaction devra être constante et régulière, avec une bienveillance sans réserve, pour permettre à la personne de se réaligner dans la juste trajectoire.

C'est grâce à cela que chacun grandira chaque jour au service de l'autre, afin de bâtir aujourd'hui les succès de demain.

Agir ou subir, à chacun de choisir…

Pratiquez cet art et devenez un expert recherché en matière de rétro-information

Cultivez en priorité votre propre alignement, afin d'incarner la posture, la gestuelle, le ton, le volume et la manière de le « diffuser » avec une qualité de résonance maximale.

Vous avez d'abord bien intégré pourquoi le « jugement » était à bannir.

Ensuite, vous savez qu'il s'agit de vous comporter, de vous exprimer et d'agir d'une manière « modélisable », incarnant un résultat et les bénéfices qui s'ensuivront.

Enfin, grâce à une attitude focalisée sur les solutions, vous permettrez à votre interlocuteur de se rapprocher de la réalisation de son idéal.

Utilisez donc les feedbacks positifs en abondance, afin de réhabiliter l'image de soi chez chacun !

« La seule voie qui offre quelque espoir d'un avenir meilleur pour toute l'humanité est celle de la coopération et du partenariat. »

Kofi Annan

Capital humain

Nous nous retrouvons bien souvent confrontés à une invasion d'expressions ou d'injonctions, prônant la « motivation » dans tous les sens.

Il s'agit maintenant d'un mot galvaudé qui trempe dans toutes les sauces, et dont l'interprétation commune est de « créer de la valeur ajoutée ». C'est ainsi que la question prédominante devient : « Comment être créateur de valeur ajoutée quotidiennement ? »

Pour moi, la seule source réelle et saine de la motivation se trouve à l'intérieur de soi. Chaque personne est à la tête de sa propre « entreprise personnelle » et va ainsi soit diffuser vers autrui sa propre valeur ajoutée, soit absorber et dilapider celle des autres.

Ce dont il est primordial de prendre conscience ici, c'est que chacun est en charge de son propre capital de compétences, de potentiel et de service, devant en prendre soin quotidiennement et le faire fructifier, à l'aune des expériences acquises, comme on le fait d'un capital financier.

Ainsi allez-vous mettre ce capital à la disposition de votre employeur, qui vous verse des intérêts en contrepartie, sous forme de salaire. En fait, le capital humain de toute entreprise ne lui appartient absolument jamais : elle en dispose la journée durant, mais celui-ci regagne chaque soir le domicile de chacun.

Il en ressort que le collaborateur, propriétaire de ce potentiel, et l'entreprise qui le loue, ont tout intérêt à devenir de véritables partenaires, afin de faire fructifier de concert ce si précieux capital.

Dans une période de crise, plus que jamais, il est essentiel d'investir pour produire de la richesse. Les entreprises chefs de file l'ont bien compris et laissent les autres s'étouffer au sein de restrictions budgétaires.

Celles-ci vont classiquement se traduire par un coup de frein, sinon d'arrêt, dans le domaine de la formation des collaborateurs. L'erreur est fatale, car on touche alors au domaine qui constitue la source vive de l'entreprise… Ainsi envisagé, on saisit immédiatement les conséquences très graves pour la structure touchée, d'autant plus qu'elles vont se faire jour à retardement…

Aujourd'hui cependant, une nouvelle approche entrepreneuriale prend forme, car cette relation vétuste de pouvoir n'a plus sa place au sein d'une entreprise qui veut s'offrir un bel avenir. On voit heureusement s'éteindre, plutôt lentement certes, ce style agressif dépourvu d'intégrité et de responsabilité sociale, qui revient à presser des citrons, puis à les jeter pour en presser de nouveaux.

Ce phénomène est totalement à l'opposé d'une saine gestion des compétences, dont le but est un épanouissement général, par la révélation de la valeur ajoutée de chacun et la possibilité de la faire croître sereinement.

Ainsi le conçoit l'Athlète de la Vie, qui prend ses propres responsabilités et a bien intégré le fait que la coopération, à mettre en œuvre aujourd'hui, est l'unique voie conduisant à gagner les défis de demain.

C'est le respect de vous-même qui va vous permettre de prendre soin de votre potentiel, afin qu'il puisse grandir généreusement et naturellement.

Cela s'articule autour de trois axes, qui vont s'allier pour votre succès et faire de vous un constant créateur de valeur :

- faire évoluer les compétences que requiert votre fonction ;
- soigner et développer vos compétences sociales, poumons de vos réussites ;
- et enfin progresser dans la manière de vous gérer personnellement, afin d'assumer votre leadership sans être le jouet des gens ou des situations.

Voici comment l'exprimait récemment une femme d'affaires qui avait parfaitement intégré ces notions :

Le travail est malheureusement interprété comme difficile, pénible et peu gratifiant, en dehors du salaire perçu pour la peine.

Or, de récentes études soulignent que nous consacrons environ 75 % de notre existence à notre activité professionnelle, compte tenu du temps d'activité lui-même et de tout ce qui tourne autour, en particulier les trajets, la formation, etc., à quoi s'ajoute bien sûr tout le temps passé à ressasser soucis et frustrations.

Il n'en reste pas moins qu'une majorité de gens vivent ce temps gigantesque aux prises avec ces états d'âme destructeurs…

Il est douloureux de constater ainsi qu'une très grande majorité de personnes n'exercent pas le métier qui les passionne. Que faire alors ?

Voici les trois routes qui se présentent :

- La plus désastreuse est incontestablement de laisser ces vécus destructeurs gangrener notre vitalité : on s'ennuie d'abord, puis on déteste et finit par haïr…
- La deuxième implique d'avoir le courage de révolutionner sa vie, en changeant totalement de direction et en optant pour un nouveau défi, une nouvelle activité professionnelle. Les risques encourus sont grands, bien sûr, avec des dommages collatéraux prévisibles, au moins pour un temps, et ce choix audacieux, sinon téméraire, ne s'offre qu'à un nombre très limité d'individus…
- La troisième route est en revanche praticable pour tout un chacun, même si elle peut sembler irréaliste de prime abord.

Vous pouvez en effet parfaitement modifier la façon de concevoir vos activités. Il s'agit en fait d'un choix : celui de transformer les tâches et environnements les moins motivants pour en faire un domaine au sein duquel vous décidez d'aimer ce que vous avez à faire. Sachant que le temps en jeu représente 75 % de votre vie, il s'y trouve une très grande partie des « briques » qui vous construisent.

Nous connaissons tous des personnes qui ont transformé ainsi des éléments pénibles en art de servir la communauté. D'ailleurs, les métiers qui font généralement rêver comportent eux aussi leurs obligations et routines, qui peuvent devenir détestables, dès l'instant où celui qui les pratique se focalise sur ce qu'il n'apprécie pas, ou plus. Et l'aura de leur profession n'y change rien…

Votre capital, comme celui de l'entreprise, se résume à votre savoir, vos habiletés, vos talents, vos comportements… et c'est votre expérience qui vous permet de créer une « émulsion » avec tout cela.

Souvenez-vous que ce trésor-ci vous appartiendra toujours et que vous avez la possibilité de le mettre à disposition de l'entreprise ou, par exemple, d'un client ou partenaire potentiel.

Le but est donc de le faire fructifier ensemble pour le bien de tous, afin de créer cette sacro-sainte valeur ajoutée. Vous êtes en parfaite relation de partenariat et chaque partie se doit de maîtriser cette cohérence d'intérêts. William James l'a souligné magistralement par cette formule : « Le besoin vital de l'être humain est d'être apprécié. »

Osez être utile en rayonnant magistralement, en vue d'employer votre fécond potentiel à chaque instant pour le bien de la communauté !

Agir ou subir, à chacun de choisir…

Quels actes pouvez-vous effectuer afin d'optimiser le potentiel de compétences que vous mettez à la disposition d'autrui ? Répondez à cette question, choisissez-en un et passez à l'action sans attendre !

Enfin, osez relever un défi pendant une semaine : concentrez-vous à « aimer ce que vous faites », quelle que soit la monotonie, voire la pénibilité, de vos tâches…

Devenez libre d'être heureux sans raison, de faire ce qui vous incombe sur le moment, pour le simple fait de vous sentir bien.

« *À l'impossible je suis tenu.* »

Jean Cocteau

Votre château magique

Je vous propose aujourd'hui de sortir quelques instants de la précipitation quotidienne, pour jouer avec moi au jeu de l'Oie en version Princesses de Walt Disney. Je me suis accordé ces derniers temps la joie d'y jouer, avec ma fille et mon petit garçon, comme au temps de ma propre enfance. J'en ai reçu l'immense cadeau de me replonger généreusement dans les immenses possibilités du rêve, et surtout dans les incommensurables moyens de pouvoir les matérialiser.

N'objectez pas, comme l'aurait fait l'homme d'affaires suroccupé du *Petit Prince* d'Antoine de Saint-Exupéry, que vous n'avez pas le temps de jouer, ayant bien trop de choses sérieuses à faire... Vos occupations sont ce qu'elles sont, soit, mais qu'est-ce que véritablement une « chose sérieuse » ? Clore à tout prix le maximum de dossiers avant la fin de la journée, de la semaine, du mois, de l'année... ou investir du temps à « jouer » avec ceux qui vous sont chers ?

Bienvenue donc à vous, pour cette partie collective, sur notre jeu de l'Oie des Princesses ! En fait, ce jeu éternel qui enchante toutes les générations ne résume-t-il pas à merveille les aventures quotidiennes de la Vie ? Il s'agit d'atteindre le Château magique, au prix d'un parcours parsemé de péripéties, une véritable aventure : en l'occurrence la vôtre, celle de votre propre vie !

Chaque journée nouvelle vous donne un choix : soit celui de vous aventurer, le regard curieux et intense, du fond du cœur, à la découverte de gisements ludiques constamment offerts, soit de ployer sous le poids d'obligations lourdes, supportées inlassablement 60 années durant...

Je vous propose donc de replonger dans la soif vivifiante de votre enfance qui vous reconnectera instantanément à toute cette sagesse intuitive qui sourd au plus profond de vous, au cœur de votre cœur, éternellement. Pour cela, inspirons-nous des propos éveillés et candides de ma fille Camille :

« Papa, je suis heureuse de jouer au jeu des Princesses avec toi et mon frère. Je ris beaucoup et j'apprends plein de choses pour l'école.

– C'est génial », lui répondis-je, heureux de partager avec eux ce précieux moment de vie. *« Tu apprends quoi, par exemple ?*

– Eh bien, plein de choses pour une grande fille qui va avoir bientôt six ans ! J'ai remarqué que si je me concentre avant de jeter les dés sur les cases sur lesquelles je ne veux pas tomber, comme le château endormi, les puits, la pantoufle perdue ou même la sorcière maléfique, eh bien, chaque fois, je tombe dessus ! Mais si je pense fort aux cases Princesses ou aux cases des dés magiques, je tombe très souvent sur elles et très rarement sur les cases chagrin. C'est super, papa, je fais la même chose à l'école. Comme tu le dis dans ton spectacle, je mets mon attitude du bon côté, dans le monde de Madame Tout Va Bien, et cela fonctionne ; c'est cool, non ?

– Oui, c'est cool comme tu dis.

– Et les dés magiques, ils peuvent devenir aussi des cases chagrin ; tout change lors de la partie, comme la journée dans ma classe. Tu sais, papa, avant je me mettais en colère lorsque je tombais sur les mauvaises cases, mais en fait, il n'y a pas de mauvaises cases. Tu imagines, s'il n'y avait que des cases Princesses, on s'ennuierait vite et le jeu perdrait son intérêt… Maintenant, si je tombe quand même sur ces cases, je remercie mon ange, car je sais que cela va rallonger un peu mon voyage, mais que je conserve toutes mes chances de gagner la partie, si je reste calme et enjouée. Et ça marche ! »

Son petit frère reprit :

« Pourquoi tu dis "tomber", Camille ? Ça fait pas mal, moi j'aime bien toutes les cases, car sans elles il n'y a plus de jeu.

– Il a raison, Noé, je vais dire maintenant "découvrir" ! C'est mon copain Peter Pan qui le dit toujours : il suffit d'avoir des pensées heureuses et elles vous transportent dans les étoiles !… Et tu sais, papa, l'autre soir tu te rappelles, tu m'avais dit que nous avions la possibilité

de jouer une seule partie avant d'aller nous coucher, car il y avait l'école le lendemain ? Eh bien je suis allée au Château magique en quelques coups de dés, comme si j'avais le vent dans le dos, comme sur mon vélo. C'était génial, j'avais gagné ! Mais je n'ai pas pu beaucoup profiter du jeu finalement et j'ai vite dû aller me coucher…

– Et moi aussi j'aime ce jeu, et j'aime bien quand Camille ou papa, vous allez sur les cases de Princesses : cela vous rend heureux, vous souriez fort !

– Oui, c'est vrai ce qu'il dit, mon petit frère, c'est ce que j'aime dans le jeu, c'est de nous voir tous heureux. C'est bien le but d'un jeu, c'est de s'amuser et d'apprendre des choses nouvelles, comme dit ma maîtresse. »

En tant qu'Athlète de la Vie, je vous propose de vous enthousiasmer à nouveau en retrouvant cette exquise saveur de l'aventure, simplement par le biais de vos activités quotidiennes.

Vous l'avez bien compris, votre véritable « Château magique » se trouve au sein des activités dans lesquelles vous vous épanouissez totalement.

Et plus vous cheminerez le cœur léger, plus vous aurez de chances d'être propulsé au cœur de votre destination. Et si vous devez affronter durant le trajet la traversée des douves de votre château, faites-le avec une Attitude royale : vous êtes le chevalier pacifique de votre Légende personnelle.

Comme l'exprimait royalement Hans Christian Andersen : « Chaque vie est un conte de fées écrit par la main de Dieu. »

Tout est possible sur le chemin quotidien de votre aventure !

Agir ou subir, à chacun de choisir…

Je vous propose de profiter de tout instant favorable pour prendre tout simplement le temps de « jouer » avec vos enfants ou vos petits-enfants. Reconnectez-vous au simple plaisir de vous amuser, rien que pour le fait de vous sentir bien à l'intérieur de vous-même.

Et surtout, laissez-vous nourrir de cette sagesse, prolixe en possibilités, que seuls possèdent les enfants !

Pour les plus téméraires ayant l'esprit jubilatoire, risquez-vous à une partie du jeu de l'Oie et observez simplement votre comportement, votre attitude…

« *Il y a deux richesses durables que nous pouvons espérer léguer à nos enfants : des racines et des ailes.* »

William Hodding Carter II

Qui veut retrouver sa jeunesse n'a qu'à reprendre ses folies

C'est avec cette puissante citation d'Oscar Wilde en intitulé que j'ai le plaisir de commencer ces propos !

Le pouvoir extraordinaire de Dame Nature n'a pas créé deux flocons de neige identiques, ni la moindre fleur comparable à une autre, pas plus qu'aucun arbre, ni branche, ni feuille… aucune rivière, aucun lac… et même ce lac que vous traversez ne montre pas ses eaux d'hier, ni celles de demain…

Le lac Léman, par exemple, a été décrit par les peintres et photographes comme perpétuellement différent… Partout règne l'univers de la richesse sans limites des différences et la danse immuable des complémentarités.

Malgré cela, notre société humaine persiste obstinément à vouloir uniformiser tout espace, toute entreprise, tout programme scolaire ou formation, toute manière de travailler la terre, le bois, l'habitat… Nous retrouvons les mêmes « modèles », de plus en plus, où que nous soyons en ce monde.

Ce règne de l'uniformisation est à son paroxysme, même si vous désirez seulement vous préparer une omelette, une soirée de câlins ou que vous désiriez prendre une photographie lors d'un voyage… On va vous dire, dans le cadre de cet « abrutissement », où vous devez vous arrêter pour faire une photo, car il y a un panneau « point de vue » : donc il convient de cliquer à cet endroit précis afin de garder LE souvenir standard de ce lieu idyllique.

Cet assujettissement social crée une amplification des névroses, des psychoses ou autres paranoïas. Car pour être considéré comme un être humain socialement sain et intégré, vous vous devez de ressembler à tout le monde.

Alors que le pouvoir de la Nature nous démontre inlassablement que nous sommes membres d'un univers qui éclate de richesses, de particularités et de différences, nous persistons et amplifions une voie bornée, mercantile et manipulatrice, dont le but est de faire entrer tout un chacun dans le même moule, dans le même monde.

Ce phénomène règne partout sur cette planète, sans tenir compte des lieux, des sexes, des âges… Ainsi, le jeunisme caracole-t-il à tous les coins de rue, faisant les choux gras de la chirurgie esthétique et de bien d'autres marchands d'illusions.

Que l'on envisage une adolescente, une femme de 20, 30, 40, 50 ou 60 ans… on vend la même façon de séduire, d'exister, d'être belle. Il n'en va pas autrement pour les hommes : l'angle est différent, mais les clichés demeurent…

Ainsi la société impose-t-elle une façon uniforme de se comporter, une seule voie pour « risquer » ou « s'aventurer ».

Voyons d'un peu plus près où se cache le cœur du problème. Vous voulez être tout simplement vous-même, vivre ce que vous êtes en réalité tout au fond de vous ? Dans ce cas, vous êtes suspect, sinon coupable, du « délit de différence » !

Vous êtes aussi victime d'un grave conflit interne, car se soumettre à la pensée uniforme, c'est dissimuler son identité, s'effacer et se faire oublier, ce qui peut vouloir dire aussi « disparaître ».

Ainsi est née dans les milieux psychiatriques une pathologie précise sérieuse : une personne qui ne répond pas aux règles de la « normalité » relève d'une thérapie et comme telle doit être « soignée ». Elle encourt, si la spirale s'enclenche, la mise sous tutelle et, à l'extrême, l'internement.

La finalité du système apparaît plus clairement, sans vouloir être manichéen : il s'agit de vous faire croire que vous êtes différent… dès lors que vous ressemblez à tout le monde !

Alors, revenons les pieds sur terre, ancrés dans sa chaleur nourricière, comme toute espèce vivante. Pourquoi ce mal-être croissant chez une multitude de personnes ? Parce que VOUS êtes

UNIQUE, comme chaque « Individu », au sens propre du terme, parmi des milliards.

Chaque matin, nous nous réveillons comme nous nous sommes endormis, au sein de notre Être, mais nous allons être confrontés en permanence à cette puissante machine, qui veut faire de l'arbre à fruits magnifique que chacun est, un bonzaï taillé sur mesure. Il y a là une souffrance au quotidien qui frappe d'innombrables individus !

Et pourtant, je ne cesse de m'émerveiller, dans les entreprises ou dans le monde du sport, des magnifiques différences de chaque personne, de ses talents, ses envies, ses désirs, ses plaisirs…

Les plus grands champions, artistes et entrepreneurs sont au sommet, parce qu'ils ont l'audace d'être eux-mêmes ! Chacun est en quête de sa propre aventure, de son propre infini sublime ; chacun est prêt à rallumer l'étincelle et le feu incommensurable de son enthousiasme, de sa musique personnelle, de son envie d'apporter sa propre couleur à l'arc-en-ciel de la vie.

Chacun, où qu'il se trouve, veut vivre cette source illimitée de possibilités, veut se risquer, tout simplement, à la beauté d'ÊTRE SOI-MÊME.

En tant qu'Athlète de la Vie, ayez l'audace de cultiver jour après jour votre différence afin d'offrir votre précieux service aux autres, comme vous êtes, sans fard social. La Nature possède ses lois, irrévocables. Cultivez votre « zeste » personnel, votre enthousiasme pour le quotidien, qui vous élèvera vers la véritable grandeur, celle d'être à votre juste place.

Voici l'observation d'un expert confirmé respectable et sage, portant sur le monde un regard pointu tout autant que souriant :

Notre monde actuel est prisonnier du clavier AZERTY. Lorsque Christopher Scholes a inventé la première machine à écrire, il a dû résoudre un problème : les caractères s'entrechoquaient et bloquaient le mécanisme.

Sa solution fut de créer le clavier AZERTY, afin d'obliger la dactylographe à travailler « lentement ».

Depuis 1873, les fabricants de machines à écrire, puis d'ordinateurs, les forcenés de l'innovation, les créateurs, qui cherchent par tous les

Prenez le temps nécessaire, chaque matin au réveil, pour matérialiser, « mettre au présent », votre réalité en devenir !

Quel que soit votre choix, vous êtes l'acteur de votre quotidien :

Osez le vivre du côté solaire !

« La réalité est simplement une illusion, quoique très persistante. »

ALBERT EINSTEIN

Du mensonge à l'authenticité

Une formule capitale me frappe, énoncée par une étude significative du SRI International (jadis Stanford Research Institute) :

87,5 % de compétences sociales + 12,5 % de qualifications professionnelles = SUCCÈS

Compétences sociales, l'expression est lâchée ! Savoir entrer en relations est essentiel, mais cela ne se fait pas tout seul… Il y a un préalable : être authentique, ne pas jouer ni mimer, ne plus agir en fonction du jugement d'autrui.

Je vous propose de prendre quelques instants pour explorer le chemin de l'authenticité, car elle seule peut garnir votre quotidien de couleurs éclatantes ! Elle seule vous libère des pensées tournées vers des horizons sombres, souvent menaçants, donc stressants… quoique totalement mensongers.

Je me souviens m'être très longtemps menti à moi-même, en quête d'un signe de reconnaissance, avant de conscientiser le peu de valeur de cette reconnaissance et de voir que mon attitude me menait à une impasse, hautement néfaste.

Mais en quoi consiste exactement la duperie en question ? Tout simplement à vous pousser, sans que vous en ayez conscience, à FAIRE, faire encore, et toujours, plus.

Pourtant, vos expériences personnelles vous le démontrent à l'envi : ce n'est pas parce que vous en faites toujours plus que vous obtenez davantage, ni que vous accomplissez ce qui, mirage, vous rendrait enfin heureux…

Non, ce n'est pas comme ça que ça fonctionne, et jamais cela n'a marché ainsi. La « tyrannie du faire » signifie que l'on recherche,

Pourtant, tout dans ma vie me démontrait le contraire. Mais je restais dans le faire, et plus je faisais, plus j'étais insatisfaite, découragée, frustrée… prise dans des sables mouvants…

De plus en plus, je me sentais incapable de parvenir à la hauteur des situations, dans mes rôles de femme, de mère ou d'employée.

Pour continuer à survivre, je tentais de pallier ce malaise intérieur. Je m'engageais à travailler plus, à m'occuper plus des autres, à combler sans cesse mes manques, à apprendre de nouvelles techniques… avec pour seul résultat, bien sûr, de me retrouver toujours plus exténuée, découragée et lamentable. Je survivais en mentant, y compris à moi-même, faisant croire à mon entourage que j'appartenais à la caste des femmes séduisantes, épanouies et responsables.

Or, un matin comme les autres, assez désemparée et bloquée dans les habituels bouchons, je vous ai entendu à la radio et un déclic s'est produit !

Vous disiez calmement qu'il s'agissait de se simplifier l'existence, en décidant de « faire beaucoup moins », pour au contraire ressentir beaucoup plus, afin de laisser émerger de nos profondeurs l'éclat de notre différence.

Mettre à la première place l'être, pour pouvoir ensuite faire naturellement ce que notre ressenti nous inspire et laisser la forme se construire avec simplicité, comme une œuvre d'art, en fait notre œuvre d'art quotidienne.

Revenons à ma question ci-dessus : quel est l'état d'être que vous souhaiteriez ressentir amplement tout au long de vos journées ? Serait-ce d'être calme, généreux, empathique, joyeux, guérissant, aidant, aimant, inspirant, créatif, vitalisé, aventurier ?

Prenez-en profondément conscience, décidez-en une bonne fois pour toutes, puis tenez-vous-en à ce choix, VOTRE CHOIX !

Offrez ensuite très généreusement autour de vous ce don de vous-même, ce qui fait l'essence même de votre différence. Dans chacun de vos univers, vibrez au diapason de votre Être puissant et le reste suivra. Lorsque vous mettez l'être à la première place, tout change autour de vous. Vous devenez enfin libre, délicieusement libre !

Ainsi, faites-en beaucoup moins, décidez exactement qui vous voulez être et rayonnez infiniment plus ! Avec grand étonnement, et avec le temps, vous constaterez que cet état d'être aura généré l'environnement, au sens le plus large, idéalement en concordance avec ce que vous aurez décidé d'être. Dès lors, vous incarnerez toujours plus votre Valeur ajoutée.

Et peut-être qu'à ce moment-là, un nouveau travail vous sera enfin offert, ou une nouvelle résidence, de nouveaux amis, ou encore un nouvel amoureux… Ou alors que les éléments pénibles de votre job muteront favorablement, que vous apprivoiserez un environnement lassant, que d'anciens amis se révéleront de puissants alliés, ou que votre relation amoureuse renaîtra de ses cendres…

Oui, tout est possible sur le plan de l'être ! Votre réalité extérieure deviendra le reflet exact de ce que vous êtes et de qui vous avez choisi d'être.

Vous serez libre, puissamment libre, d'être une source féconde d'inspiration pour chacun grâce à votre différence. Vous rayonnerez dès lors de votre intime et accomplie « compétence sociale » !

Agir ou subir, à chacun de choisir…

Prenez, *ici et maintenant*, le temps nécessaire afin de préciser, dans le respect absolu de votre libre choix, l'état d'être que vous souhaitez le plus incarner constamment au quotidien.

Ce choix ne peut être que le vôtre, car lui seul vous offrira la liberté d'être celle ou celui que vous êtes véritablement, sans égard aux rôles que vous devez tenir.

Puis, saisissez l'opportunité des 21 prochains jours pour expérimenter le bonheur infini d'être celle ou celui que vous avez décidé d'être, dans toutes les circonstances !

Dans cette démarche, il se peut bien que vous butiez sur des circonstances opposées à l'univers que vous êtes en train de cultiver. Ce phénomène est fréquent mais, aussi étonnant que cela puisse votre autonomie, vers votre pleine authenticité. Il ne s'agit pas de ne rien faire, mais bien d'être beaucoup plus présent à ce que vous ressentez, donc à l'écoute de votre ressenti, afin de découvrir, grâce à votre empire émotionnel, les trésors de votre « cœur liberté ». Car, souvenez-vous, là où se trouve votre Cœur, réside votre Trésor !

Agir ou subir, à chacun de choisir…

Je vous propose d'embarquer pour les trois prochains jours au cœur d'un voyage vers les horizons nets de votre vie émotionnelle. Décidez pour ces prochaines 72 heures de vous focaliser largement plus sur ce qui se passe en vous, dans votre intériorité, au sein de vos émotions, en lieu et place de cette habitude généralement exagérée d'observer et de nous soumettre au monde extérieur…

C'est un véritable défi : osez l'entreprendre et commencez à écouter avec bienveillance ce que vos sensations physiques vous révèlent sur votre vie émotionnelle. Vous serez ébahi de mettre à jour une vie totalement renouvelée, au cœur de laquelle on se sent libéré d'un immense et terrible poids : l'approbation des autres.

« Exprimer ses émotions, c'est comme enlever les nuages devant le soleil pour laisser pousser les fleurs. »

Tanya Sénécal

La gratitude : éclairage de votre chemin et phare de votre avenir !

Mes diverses rencontres au quotidien, dans les domaines professionnels ou autres, m'amènent à constater que, d'une façon générale, une grande part d'énergie est consacrée à se faire du souci.

Il semble que l'envahisseur se trouve partout, prêt à porter l'assaut fatal... Vous comme moi sommes bombardés par une armada de dangers potentiels, que portent, transportent et supportent sans cesse les médias, les rumeurs au travail, les confidences de nos voisins... Tout semble accordé sur les longueurs d'onde de l'urgence et de la crise.

Il est en effet navrant de se laisser emprisonner par le côté glauque de tout ce qu'offre l'imagination, avec son colossal pouvoir ! Pourquoi céder à cette emprise néfaste du souci que l'on génère à propos de tout et à tout moment ?

Soit que vous vous surprenez à avoir des remords ou des regrets en raison d'actes passés, soit que vous gâchez, sinon pourrissez, vos incomparables moments présents, en vous inventant les pires scénarios possibles à propos de votre avenir ou de celui de vos proches.

En tant qu'Athlète de votre Vie, il est important de prendre un certain recul, afin de placer les jours à venir sous une lumière plus clémente. L'étape critique, qui vous propulse souvent sur la pente savonneuse de l'inquiétude, tient dans le fait que nous accordons, souvent inconsciemment, la majeure partie de notre attention à ce qui se passe autour de nous, tout en donnant un sens particulier, c'est-à-dire parfaitement subjectif, à ce que nous découvrons et entendons.

MARQUIS

Québec, Canada

RECYCLÉ
Papier fait à partir de matériaux recyclés
FSC
www.fsc.org
FSC® C103567

Imprimé sur du papier Enviro 100% postconsommation
traité sans chlore, accrédité ÉcoLogo et fait à partir de biogaz.

CHOIX ENVIRONNEMENTAL · ENVIRONMENTAL CHOICE
PROCÉDÉ SANS CHLORE · PROCESSED CHLORINE FREE
100%
PERMANENT
BIO GAZ
ÉNERGIE